# 影像的
# 訊息傳播

## Information of Image Spread

◉作者— 楊錫彬

INFORMATION
OF IMAGE SPREAD

# 序

　　新媒體科技改變人類新思維，新思維改變人類新生活，新生活改變人類新習慣。不論男女老幼都必須接受迎合這股勢不可擋的超媒體時代的潮流趨勢，尤其是智慧型手機所帶來的風潮，更是為人類開創前所未有的便利性與人性化，造就了目前社會上所謂「低頭族」的新名詞。而網路的演化造就了資訊快速發展，傳輸迅速串通，但也造就了許多「新問題」和「新現象」，造就了許多商機和研究議題，例如，網路管理失控、色情資訊氾濫、暴力資訊氾濫、網路症候群、新聞職業道德受到衝擊、虛假廣告氾濫及垃圾資訊充斥，都是嚴重的社會問題；又例如，思維模式改變、組織架構改變、媒體營運多元化、個人媒體工作室、沒有界線的資訊倉儲等新現象。但在於透過閱聽大眾的分享機制，將所有各別的資訊匯集，終究造成全面性的影響，我們身處於這個人類社會前所未有的時代，不論你是否決定參與其中，都無法脫離這「新媒體時代」而置身事外。自從網路革命以來，「新媒體」觀念逐漸形成，更擁有傳統媒體沒有的新科技，它結合了行動服務、影音、通訊和網路的綜合功能。沒有地方和時間限制的快速「產生」、「儲存」、「檢索」、「處理」與「傳輸」之特色科技，更是傳達了「聲、色、形、光」是知覺器官的延伸與發展，並追求「時效性」、「智慧性」、「互動性」、「個性化」等等，這些都是傳統媒體無以對抗之致命點。

　　數位媒體及電腦軟硬體的迅速發展，徹底打破傳統攝影的技術層面，然而，我們已進入「讀圖時代」的新風貌，影像訊息時代正在悄悄地改變著人們的思想意識，電腦的出現和逐步普及，把影像訊息對整個社會的影響逐步提高到一種絕對重要的地位。例如你的經驗越豐

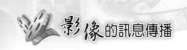 

富，感覺到的就越多；感覺到的越多，選擇的就越多；選擇的越多，理解的就越多；最後記住的也就越多，學到的也就越多。在這「讀圖時代」的今天，我們面臨的是訊息的爆炸，訊息傳播和接收的有效性相當重要，現在的動態視覺傳播往往就是一種多媒體傳播，它綜合了視覺、聽覺等多種感官元素，只不過動態的視覺畫面是其傳達訊息的主要部分，而有了聲音等其它形式的補充，動態視覺傳播所傳達的訊息量也就更大。90年代以來迅速發展的多媒體電腦互動網路等新媒體取代現存電視傳播模式所擁有的公眾訊息傳播的地位，電視傳播模式將可能在新世紀的傳播格局中風光不再，我們所面對新世紀的文化生態格局，要順應新的媒體環境，否則將被時代潮流所淘汰。

影像脫離身體的挾制，不再攝影，而改以數位方式儲存於磁碟中，再造了攝影術和影像之間的關係。數位攝影時代，攝影器材周邊軟體的各種功能越來越強大，許多需要扎實下苦功才能學得的基本功夫，都被軟體強大的功能所掩蓋，因此，我們越需要知道影像藝術、影像語言的經典，並累積視覺美學修養。

楊錫彬 筆

於中國文化大學　2015/08/21

# 目　錄

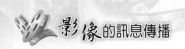

# 第一章 導 論

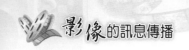

 # 第一節　視覺影像的新認知

　　過去攝影的語詞定義，多半和技術、硬媒形式（照片與幻燈片）有密切關係，但數位科技打破這層關係，讓「攝影」一詞，從時代中消退，用「影像」一詞，取代了「攝影」。這是影像的新認知。影像是人對視覺感知的物質再現。影像可以由光學設備獲取，如照相機、錄影機、智慧型手機等等；也可以人為創作，如手工繪畫圖像等。圖像可以記錄、保存在紙質媒介和膠片等等對光信號敏感的介質上。隨著數位技術和信號處理理論的發展，越來越多的圖像以數位形式存儲。因而，有些情況下「圖像」一詞實際上是指數位圖像。與圖像相關的話題包括圖像採集、圖像製作、圖像分析和圖像處理等。圖像分為靜態圖像（如圖片、照片等）和動態圖像（如影片）等兩種。影像也是一種視覺符號。透過專業設計的影像，可以發展成人與人溝通的視覺語言，也可以瞭解世界美術中大量的平面繪畫、立體雕塑與其他藝術作品等。

　　傳統攝影是指拍攝對象留在膠片上的正片或負片。被攝體透過攝影機鏡頭形成光學圖像，聚焦在攝影機的膠片上，透過曝光形成潛影，再經過沖洗，在膠片上形成由銀粒或染料組成的被攝體負片，負片經過複製在正片上便得到正片，負片和正片都叫影像。因此，影像又稱圖像。是指非攝影成像傳感器成像方式，其本質是攝影相片的外延。相片通常指光學攝影成像並記錄在感光膠片上，是被動式遙感成像。影像則可透過光學—機械、光學—電子或天線掃描接收來自地物的可見光、紅外、熱紅外和微波訊息，記錄在磁帶或透過電光轉換記錄在感光膠片上。與相片相比，在內容和形式上範圍更廣。

## 一、影像的特徵

　　影像是視聽語言訴諸「看」的那一部分，它是視聽語言的基礎。首先，影像的基本單位是「鏡頭」，鏡頭並不是影視語言最小的切分單位，但卻是一個便於研究與分析的基本單位。嚴格來說，影視語言並不存在某一個語言學意義上的最小的切分單位。但是在實際分析影片時，為了便於分析，我們以鏡頭為基本單位。其次，攝影對於形成影像的重要意義，攝影決定了影視語言的絕大多數重要方面。對於一部影視作品的影像的形成而言，促成影像形成的因素包括許多方面，但究其最首要的，還是在於攝影。更進一步說，正是因為攝影機的出現，才可能存在由攝影機所拍攝到的豐富多彩的活動影像，最後，形成影像的基本元素。匈牙利電影理論家貝拉‧巴拉茲曾把電影藝術譬喻為一種語言，與戲劇是有區別的。這種「新語言」的特徵（構成要素）是：

　　1.在一場景中，電影能夠任意改變觀者與銀幕表現對象的距離，從而產生不同的畫面場景。
　　2.能夠把完整的場景分割成不同的部分（鏡頭）。
　　3.在同一場景中，能夠改變拍攝角度、縱深鏡頭的焦點。
　　4.蒙太奇剪輯手法按照一定順序把鏡頭連結起來，構成完整的畫面時間序列。

## 二、影像的分類

　　廣義影像可分為三種：

　　1.攝影影像：包括各種航空、航天和地面攝影獲取的全色、紅

外、彩色、彩色紅外和多光譜攝影影像。大都屬靜態影像，地物電磁波能量分布是連續二維函數並記錄在膠片上或記憶體上，是一種瞬時面積成像。

2.掃描影像：包括各種航空、航天掃描儀以物面掃描或像面掃描方式獲取地物光學影像、熱影像或微波影像。如多光譜掃描影像、紅外掃描影像、雷達影像和全景掃描影像等。這種影像沿掃描線是連續的；而掃描行與行之間是不連續的。屬動態掃描影像，即逐點逐行成像類型。

3.數位影像：由間接掃描成像而得到。一種由模擬影像（如攝影相片）透過重採樣進行掃描數位化所獲得。

而相較於文字，影像作為傳播的符號有其特性，由於影像訴諸的是視覺觀感，著重瞬間的感官經驗，故更能在第一時間造成感動和震撼。影像除了具有「即時性」的表意能力，「完整性」亦為其一大特色。影像的完整性指涉的是影像捕捉人物鮮活的神情、事發現場的景況、抑或外在世界之景色的能力，毋須憑藉冗長的文字堆砌，即可將畫面呈現在觀者眼前。John Berger（2002）指出，「攝影和其他視覺影像不同之處在於，相片不是對主題的一種描寫、模仿或詮釋，而是它所留下的痕跡」。是以，影像本身即具有保存記憶的功能，彷彿人類腦內記憶庫之外的另一儲藏室，收納著日常生活的風景。相片的真實性致使它擁有某種「說故事」的潛力，足以作為探究人類歷史進程和生活情境的文本，John Berger便提及攝影家奧古斯特・桑德（August Sander）的作品，桑德曾致力於在他的出生地科隆附近找尋各式各樣的人物典型，希冀藉由這些人物影像再現社會百態。John Berger在回顧保羅・史川德（Paul Strand）的人像攝影作品時，也表示其攝影作品不僅以視覺符號顯示這些人的存在，更從中顯影出當時的生活樣貌，甚至「從某一種標準來看，這類的生活寫照是一種對社會的批評」。

然而，影像本身所訴諸的直接官能經驗仍有其侷限。誠如羅蘭・巴特（Roland Barthes）所主張的「作者已死」的概念，影像作爲傳播的媒材，儘管賦予我們解讀社會脈絡的線索，卻無法全然將人物、場景或事件的意義鑲嵌入影像中。以相片爲例，相片「只提供具有可信度和嚴肅性的外觀，卻去掉意義的成分。意義是經過理解之後的結果」。

##  第二節　讀圖時代的新觀念

用影像當作訊息來傳遞的媒介，那麼要如何解讀影像，又如何書寫影像，這是我們所要探討的內容。影像是訊息的載體，訊息載體原文爲information carrier。事實上就像是宅急便一樣，可以把物品從甲地傳到乙地，影像也是一樣，它可以把影像訊息的發送者所想要講的話透過影像來傳遞給觀者，事實上也可以知道，影像的來源是攝影或者是電影，在攝製照片或攝製電影的時候，就是製作者如何將訊息載入影像，讓影像成爲一個訊息的傳遞工具。當我們在電影院看影像，或在電視機前看影像，或者是在美術館的牆上看攝影作品，或是在看雜誌的影像，這些都是觀者從影像面提取訊息來消化，讓觀者知道影像的內容，所以稱爲「書寫」。因此，在製作端來看就是影像訊息的書寫，在閱讀端我們可以看到那是影像的提取，也就是「解讀」。而literacy（讀寫能力）是用視覺的內容傳遞訊息的一種書寫和解讀的方法，我們在傳統攝影上都認爲影像是萬國語言，這是錯誤的概念，好像只要有影像，任何人來看都可以懂它的意思，但事實上，我們知道文明發展到一個高程度的時候，事實上，影像承載的訊息是必須要有一些專業的訓練或者是一些文明的程度，才可能真正的瞭解影像的內容。

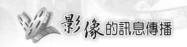 

## 一、五大訊息軟媒

訊息軟媒的概念，事實上在人類的文明當中，我們知道到目前為止，人類最常用的訊息軟媒有五種：

1. 第一個是「文字／font」，還有當代在文字上用的「字形」，同樣的一個font，這樣的字，在不同的字形上面它的意思就不一樣，最後一個字就看起來比較優美一點，第一個字就看起來比較童趣一點，同樣的文字如果使用不同的字形，事實上，它也可以傳遞不同的訊息，但是基本上這個文字本身還是有特定準確指向的訊息，所以第一個是文字和字形。
2. 第二個是傳統的「繪畫」，畫家用手來繪畫的內容。
3. 第三個是我們講的「攝影」，用機械的自動形成影像的方式，也就是「影像」。
4. 第四個是「圖表／chart」，例如我們看到氣象預測變化的曲線圖，或者是政治人物支持率的百分比。
5. 第五個是「聲音／sound」，或是我們所謂的「語音／voice」。

所以這五大訊息軟媒（**圖1-1**），基本上就是訊息載體，而影像是其中在訊息軟媒面所占比重最重的，我們在以往這樣的訊息載體是分別各有各的專業訓練。

## 二、視覺素養的培養

由上述所言，我們已進入讀圖時代的新風貌。而視覺素養是「讀圖時代」之下的大眾基本素養。如今，對視覺訊息的感受與處理能力在生活中越來越受到重視，視覺素養能力的高低將自然而然地影

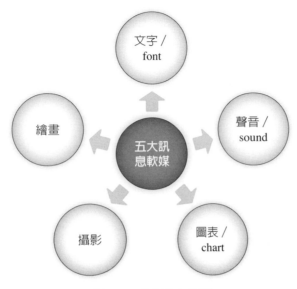

**圖1-1 五大訊息軟媒**

響人們的生活情趣與生活質量。對「美」的「解讀」，不僅需要「明亮」的眼睛，更需要「敏感」的心靈。因此，視覺素養培養已經成為國民素養教育的基本問題之一。人們與生俱來的是「看的能力」，而不是「看懂的能力」；能夠「看」，卻未必能夠「看得懂」、「看得好」！古人云：「形而下者謂之器，形而上者謂之道。」，「看見」只是見到事物的表象，是「識器」，而「看懂」卻是透過現象看本質，是「問道」。「看懂」是一種知性活動和理解過程，要比「看見」難得許多：需要撥開表象迷霧，發現和建立事物之間許多的內在關聯，便是一種基本的視覺素養能力。視覺素養包括三個部分：

1. 視覺思維：係指經過視覺感知的物理過程，將思想、觀念和訊息轉換成各種有助於傳遞相聯繫訊息的圖畫、圖像或形象。

2. 視覺交流：係是指當圖畫、圖像和其他形象用於表達觀念或傳授給人們時，為使視覺交流有效，接受者應能從所看到的視覺

形象中建構意義。

3.視覺學習：它是透過圖像和媒體學習的過程。

　　視覺素養的培養策略應該圍繞觀看的主體、觀看的客體和觀看的條件，重在探析「看」的祕密，開發「看」的資源，創造「看」的條件，從而實現提高「看」的素養和培養「看」的能力。這才是在科技資訊發達之下的時代新觀念。

## 第三節　圖像化的含義

　　羅蘭‧巴特首先提出「圖像」（image）所面臨的核心課題：圖像再現究竟是一個真實的符號學系統，抑或僅是符碼的堆疊？語言學家傾向認為圖像相較於語言而言，仍是一個未發展完全的系統，是故其意指作用（signification）無法充分說明圖像本身的豐富性，使得圖像在意義解讀上有其限制。那麼究竟意義是如何安插進入圖像之中的呢？意義是否會終止？假若終止的話，超越該意義之上的又是什麼？巴特認為在大眾傳播之中，事實上語言訊息是無所不在的，它大舉滲透入圖像之中，諸如附於插圖的標題、影片上的字幕、短片中的對白等等，這顯示我們仍舊處於一個隸屬於書寫的文化形態（a civilization of writing），書寫和言說持續主宰著資訊結構的運行。針對圖像和語言訊息之間的關連，巴特提出兩個概念，分別為下錨（anchorage）以及接力（relay）。正因為符號具有多義性，隱藏在同一意符之下的往往是多元而流動的意旨，故若未標示語言訊息，則圖像的意義將難以確立。為了克服符號的不確定性，語言訊息常被用來作為識別、闡釋、穩固圖像意義的工具，羅蘭‧巴特稱這種功能為「下錨」，一來訊息語言協助讀者辨識圖像的明示義（denotation），同時侷限圖像所

潛藏的隱含義（connotation），甚至企圖將圖像的隱含義包裝成不言自明的明示義，此即神話或意識形態的操作手法。語言訊息的下錨功能最常見於新聞攝影照片和廣告。論及新聞報導攝影時，華特‧班雅明（Walter Benjamin）表示，報導與真實性（authenticite）並不總是能連上關係，因報導中的相片是靠語言來相互聯結，發揮作用的。相機愈來愈善於捕捉浮動、隱密的影像，所引起的震撼會激發觀者的想像力，是故，班雅明主張「一定要有圖說文字的介入，圖說藉著將生命情境作文字化的處理而與攝影建立關係」，如此攝影建構方能明確。語言訊息的另一功能為「接力」，文本和圖像乃是互補的關係，兩者相互闡述、釋義，擴大了彼此的意涵，此功能常見於卡通、漫畫或影片之中。

　　圖像化就是指將各種複雜多變的訊息，來製作「圖像」的過程。這些「圖像」可以是平面的，也可以是立體的，甚至還可能是多維的。是以圖像來表達意義的文化趨勢，以形象的或甚至栩栩如生的圖像來顯示存在狀況，已成為當代人們生活的重要內容之一。圖像化在表達上的一個重要特徵是平面化與世界性。因而也成為當代訊息傳達的重要方式之一。圖像化不同於「圖像」，後者僅僅將訊息轉變為可以用視覺或觸覺能感覺到的景象或影像，或就是指各種圖形和影像的總稱。而圖像化則是將各種複雜多變的訊息，這種訊息包括由人工形成的物質、能量和精神產品，以及人類活動過程中所形成的人與人的關係（後者也稱為社會環境）等，用視覺或觸覺來「感知」的，以「圖像」手段表達內容的一種過程在人腦中的直接反映，而感知能力則是透過感覺器官感覺某樣不可視或者肉眼無法直接觀察的物體，並能透過感覺描繪出其具體形狀或者運動狀態的一種超能力。「圖像」只是形式，而圖像化才是內容。

　　圖像化歷史悠久，早在約五千年前，古埃及人就發明象形文字（Hieroglyphic）。這種象形文字就是把要表達物體的外形特徵，具

體地勾畫出來。使它與所代表的東西，在形狀上很相像，實際上這就是把要表達物體圖像化。「圖像」是孤立單個畫面，而「圖像化」則是由單個畫面聯想到整個系統，從而才有可能發明文字。人們常常把「圖像」與「圖像化」混為一談，其實這是很錯誤的，它混淆了形式與內容，同時也錯誤地把感覺和感知等同起來了。必須強調感知是感覺與知覺的統稱，是客觀事物透過感官在人腦中的直接反應。圖像只能感覺，而圖像化則是在圖像作為載體中而感知事物的本質。例如中國甲骨文的象形字「龍」字就是透過各種傳說予以「圖像化」的產物。隨著人類的進步和發展，人類已不再只滿足於「壁畫」、「象形字」等單個平面圖形上創作，一方面對這些單個平面圖像透過「感知」聯繫了起來，去繼續創作更多的類似可「聯想」的圖形，這便是我們說到的文字的發明；另一方面則對已創作的圖形進行改造，進而引發了文字的演變。再者，為了更形象地表達訊息的形似性，石雕以及以後的青銅器等便應運而生，這種過程通俗地說，就是三維圖像化過程，因為，它們是立體的，既可視又可摸，即可以用視覺或觸覺來「感知」的內容。

近代由於電腦圖形學的產生和發展，人們又把很多「圖像」有機地組織在一起，如呈現在電視螢幕上奔跑的人等等，這便是二維圖像化所表達的可以是三維的，甚至還可以是多維的圖像實例。螢幕上的奔跑的人之所以有動感，是感知到四維圖像的反映，實際上還是二維圖像所表達的內容，因為它們只是由二維圖形有機組合成的，仍是很多平面的人的照片。因此，圖像化時代正悄然來到。

在這個圖像化時代，人們越來越依賴這種圖像生活：從圖像獲得知識技能，從圖像感知歷史風雲，從圖像看到大是大非，從圖像獲得海外奇觀等等。圖像甚至讓我們看到了我們不可見的「現實」：粒子、精子、腦波、宇宙景觀、心靈等等，我們的認知獲得了前所未有的擴張。

二維圖像化其載體爲呈面性，被長、寬兩個方向確立，即由人爲設置邊界面圍合成的二維空間虛擬現實。它不同於二維圖像，因爲二維圖像化所表達的可以是三維的，甚至還可以是多維的。透過這些圖像或影像可以用視覺或觸覺來「感知」。注意：這裡的「感知」的意思是指客觀事物透過感覺器官在人腦中的直接反映。例如，所提到的在螢幕上奔跑的人被感知有動感等等。

三維圖像化其載體爲呈體性，被長、寬、高三個方向確立，由人爲設置邊界面圍合成的是三維空間虛擬現實。它不同於三維「圖像」，這裡所說的「圖像」不是平面的，而是立體的，可視又可摸，三維圖像化即可以用視覺或觸覺來「感知」的內容。所以三維圖像化所表達的內容可以是四維的、多維的。同樣地，它可以透過這些塑像等來「感知」。

四維圖像化其載體應呈時空流動性，被長、寬、高和時間四個方向共同確立，由人爲設置邊界面圍合成的是四維空間環境。四維圖像化所表達也可以是四維的，還可以是多維的。只是人類目前還不能理解到多維。它只是推理。所以還沒見「四維圖像化」的載體可以用感知的實例，也就是說四維圖像目前還無法創建，當然談不到四維圖像「感知」了。

數位化是智能技術的基礎，圖像化也是人類不可或缺的一種形象思維升級。「數位」只是「數位化」的載體，「圖像」也只能是「圖像化」載體。「數位化」不同於「數位」，「圖像化」也不同於「圖像」，它們都是內容與形式的關係。以「文學圖像化」爲例，在人類歷史上，圖像和文字之間一直存在著爭奪和較量。正如米歇爾所說：「文化的歷史部分就是圖像符號和語言符號之間爭取支配地位的漫長鬥爭的歷程，任何一方都是爲自身而要求一個可以接近自然的特權。」人類早期是「圖像」時代、「視覺文化」時代，正是由於「圖像化」發展才產生了文字，石雕、青銅器等產生也正是三維圖像化推

動的結果。文字被發明以後，圖像一直被壓抑，這裡隱含著文字的霸權。認為圖像是「膚淺」的，毫無思想深度，人人可以讀懂的，而更糟的是人們又把「圖像」與「圖像化」等同起來，因此也對圖像化予以鄙薄。而後現代社會填平了高雅文化與通俗文化之間的鴻溝，使得圖像化時代回歸到文化的本質。電子媒介的出現和廣泛應用，為訊息的公共化和圖像化消費的全面普及提供了技術上的可能性。圖像化為大眾化的意識形態表達提供了一個最有效的途徑，大眾傳媒和現代科技改變了文學和文化消費的載體和手段，文學的圖像化正是這種新時代的產物。圖像化成為人類一種形象思維的升級觀念已不可忽視。

訊息時代正在悄悄地改變著人們的思想意識，電腦的出現和逐步普及，把訊息對整個社會的影響逐步提高到一種絕對重要的地位，訊息量、訊息傳播的速度、訊息處理的速度以及應用訊息的程度等都以幾何級數的方式在增長，人類進入了訊息時代。人們也越來越熱衷於討論「圖像化」這一話題，什麼「文學圖像化」、「數位圖像化」、「繪畫圖像化」等等，凡能加上「圖像化」的似乎都很新潮。另一方面，人們也越來越害怕，因為「圖像化」時代的到來，而使得人類失去了思維能力，這些人把所謂「圖像化」單純理解為「圖像」、「讀圖時代」，他們所理解的「圖像化」只是平面圖像或視像，殊不知其訊息包括由人工形成的物質、能量和精神產品，以及人類活動過程中所形成的人與人的關係，即社會環境。《物質進化論》說：「宇宙間三者（物質、生命、心靈）以外，別無現象，則所謂定理定法者，即在此現象之中。所感知者，亦感知此現象而已。」圖像化正是這種現象所感知者，而「圖像」只能所感物質，卻無法見到生命、心靈的過程。所以說「圖像化」是人類一種形象思維的升級，它是社會發展的必然產物。把訊息轉變為可以用視覺或觸覺來感知的圖像、雕像或影像的「圖像化」，不但沒有放棄思維的輔助，只會在感知基礎上，去提升你的思維深度。

　　當在看一幅圖畫時，人們把圖畫中的對象當作一個整體，使它成為一個圖像，並從背景上突顯出來的知覺現象。知覺中圖像和背景的區分簡稱形基辨別。刺激的不均勻性是產生圖像知覺的條件：圖像是較明顯的部分，容易引起注意，而背景則不成形，不為人們所注意；圖像有輪廓，而背景是無邊界的；圖像顯得距觀察者近些，而背景顯得遠些。圖像和背景的區分是知覺選擇性的結果。在知覺中，當圖像和背景在組織程度上大致相同時，會出現兩個圖像的知覺現象，即圖像和背景可以相互轉換。當我們選擇某一物體作為圖像時，其他物體就成了知覺背景；當選擇另一物體作為圖像時，先前的圖像就成了背景。

　　馬赫1886年首先研究了圖形知覺主要由格式塔學派進行。這個學派提出了刺激的組織原則，當圖形與背景差別明顯時，如圖形的顏色和亮度與背景不同，圖形就容易被區分出來。在固定的背景上的運動對象容易被發現，熟悉和有意義的事物容易成為知覺對象。此外，還有接近性原則、相似性原則、連續性原則和對稱性原則等，例如，一幅圖畫上距離接近或形態相似的各部分容易組成知覺對象。格式塔學派的圖形知覺理論僅限於定性的描述，而缺乏定量的分析。但這些原則對瞭解圖形知覺還是重要的。掌握圖形辨別的基本規律有助於人們在實踐中改進觀察方法，更好地設計廣告圖案和訊號標誌。50年代初，訊息論的概念——訊息的不肯定性和訊息的多餘性被引進心理學，從而開始了對圖形知覺進行數量化的心理物理學研究。實驗表明，在一個二維圖形中，輪廓具有最豐富的訊息，輪廓變化最陡或曲率最大的部位是訊息最集中的地方，而輪廓方向一致的地方，則是訊息多餘性最大的地方。格式塔學派提出的趨完原則，即所謂圖形的良好性，用訊息論的術語來說，不過是信息多餘性大的圖形。關於圖形知覺的神經機制，格式塔學派早年提出大腦功能的理論，現已被否定。40年代末出現的細胞集合理論迄今仍是個設想。50年代末運用固

定視網膜象技術的研究指出，當刺激與眼睛作伴隨運動時，刺激準確地落在視網膜的同一部位幾秒鐘後，刺激物的影像便開始消失，但越有意義，組織越好的圖形越不易消失。

深度知覺（depth perception）又稱距離知覺或立體知覺。這是個體對同一物體的凹凸或對不同物體的遠近的反映。視網膜雖然是一個兩維的平面，但人不僅能感知平面的物體，而且還能產生具有深度的三維空間的知覺，這主要是透過雙眼視覺實現的。有關深度知覺的線索，既有雙眼視差、雙眼輻合、水晶體的調節、運動視差等生理的線索，也有對象的重疊、線條透視、空氣透視、對象的紋理、明暗和陰影以及熟習物體的大小等客觀線索。根據自己的經驗和有關線索，單憑一隻眼睛觀察物體也可以產生深度知覺。用視覺來知覺深度，是以視覺和觸摸覺在個體發展過程中形成的聯繫為基礎的，透過大腦的整合活動就可作出深度和距離的判斷，但個體在知覺對象的空間關係時，並不完全意識到上述那些主、客觀條件的作用。

運動知覺（perception of movement）是電影心理學中一個分支的概念，是物體的運動特性在人腦中的直接反映。運動知覺包括對物體真正運動的知覺和似動，真正運動，即物體按特定速度或加速度從一處向另一處作連續的位移，由此引起的知覺就是對「真正運動的知覺」。「似動」指在一定的時間和空間條件下，人們把靜止的物體看成運動的。運動知覺直接依賴於對象運行的速度，物體運動的速度太慢或太快，都不能使人產生運動知覺。例如人們不能覺察手錶上時針的運動，可以覺察的單位時間內物體運動的最小視角範圍（角速度）叫運動知覺。物體運動的速度超過一定限度，人們就看到瀰漫性的閃爍，看到閃爍時的速度是運動知覺。運動知覺依賴於目標物在視網膜上的位置、刺激物的照明和持續時間、視野中有無參照點、視野結構的一般特點以及觀察者的距離等。例如，當刺激呈現在視野中央而且對象與背景間具有較大的反差時，人們能夠察覺的最小速度為每秒1分

弧度；如果刺激呈現在視野的邊緣，速度將顯著上升，達每秒10～20
分弧度。在運動知覺中，視覺、動覺、平衡覺和觸摸覺都可能參加，
其中視覺為重要的作用。

 ## 第四節　視覺影像的本質

　　影像它所攜帶的三層訊息，我個人的觀點認為，一張影像它同
時存在著三個層次的訊息，第一層就是所謂的作為生物求生存必然關
注的訊息；第二層就是所謂的作為訊息傳媒／視覺影像載具本身的訊
息；第三層就是觀者過去經驗賦予影像的文化意義。而這三種訊息都
是在觀者觀看影像的瞬間。

　　第一層的訊息，它會同時進入觀者的視覺裡面，稱為劇情的變
化或是變化和差異，就是事物分類的特徵，這事物分類的特徵基本上
是存在於對照體的造型，或者是它的輪廓線上面，一般稱為「直接
義」。

　　在影像的第一層意義下方，事實上，它存在著第二層意義，而這
第二層意義，有一點像我們在抽屜裡面，拉開抽屜的時候，裡面有衣
服，我們第一層只能看到最上面那層的衣服，事實上，衣服的下面還
有另外一件衣服，基本上，這三層的結構是類似這樣的結構，所以第
二層是必須要透過專業訓練的人，才能夠比較看得見的訊息，作為訊
息傳媒體，也就是影像或視覺影像傳播媒體，這個載具本身的訊息，
它可以承載訊息，例如：貨車與高級轎車，那麼高級轎車載的東西和
大卡車能載的東西，其實是不一樣的。也因此載具本身，它的訊息會
影響到傳播的程度和內容，所以我們講第二層的訊息就是載具本身的
內容，那麼載具本身事實上，也就是我們主要談論所謂視覺元素的訊
息，或者是我們講的視覺結構的美感訊息，這是影像第二層的訊息。

　　第三層的訊息就是觀者過去的經驗賦予影像的文化性意義訊息，這第三層在學問上面，事實上，也有學者稱為「衍生義」，也就是相對於前述第一層的訊息之「直接義」。第三層叫做衍生義，這個衍生義的意思，也就是說，在我們的文化性的習慣當中，通常我們把這樣的事物，等同於另外一個抽象的概念，這就有點像我們把「小偷」叫做「鼠輩」，就是在趁人不注意的時候竊取某種財物，把老鼠的衍生義叫做小偷，或者是在諺語上面比較常用的，「指著禿驢罵和尚」，這個禿驢的頭上沒有毛，那麼我們指著禿驢意味指著和尚頭上也沒有毛，這就是我們講的衍生義，也有人稱為間接義，而不管是衍生義或間接義，這事實上都是從我們文化性的習慣而來的，也就是說我們看到藍天，我們想到的是清潔乾淨，我們看到火焰，想到的是熱情，這都是我們講的在影像上看到的衍生義，也就是從我們過去的生活經驗，包括我們所受的教育，我們因為得到這些連結，我們現在看這個影像，我們就賦予這個影像這樣的意義，而這樣的意義事實上從學問來講，又稱為語意，也就是我們講的符號性的意義。

　　所以一張影像事實上隱藏著下面這兩層，也就是作為訊息傳播媒體，就是視覺或者是影像，這樣的一個訊息傳播媒體，它作為載具本身的訊息，也就是隱藏的第二層個訊息，那麼第三個訊息也是隱藏的，就是我們剛才講的過去的生活經驗裡面我們賦予影像內容的一種文化性的訊息，而第一層的訊息就是作為一個生物生存的時候必然要關注的訊息，這是我們剛才一開始講的，在影像上面所呈現的訊息。所以第一層的訊息，基本上，你是不需要受教育的，只要我們是生物，我們想要維持自己的生命，能夠維持下去，我們必然會這樣觀看的，所以這是影像攜帶的三層訊息。觀者在過去的經驗賦予影像的文化性訊息和第二層影像的載具的訊息，基本上是我們必須要透過一些專業的訓練，也就是我們需要學習的內容，就是隱藏性的訊息（**圖 1-2**）。

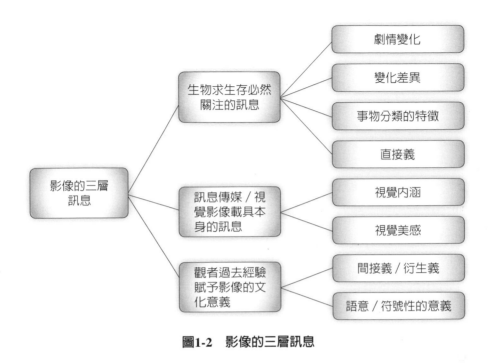

圖1-2　影像的三層訊息

## 第五節　影像的知面與刺點

　　羅蘭‧巴特以兩項元素來探討影像作品，分別為知面（studium）與刺點（punctum）。知面指涉的是依據個人的知識文化背景可對相片加以解讀的普通情感，亦即「經由道德政治文化的理性中介所薰陶的情感」，此種情感強調的是以文化的觀點來體會相片中的物事，譬如天真無邪的孩童、貧民窟的殘敗景象、異國族人的生活紀實等，上述主題固然可誘發觀者的興致，甚至受到感動，然而巴特主張此一心境絕大多數都是「調教出來」的，鮮少能引起內心劇烈的震盪。是以，巴特提出解讀攝影的第二項元素——刺點。相較於作為某種文化教養下之產物的知面，刺點講究的是主動且猛烈地襲擊觀者的危險機遇，

巴特如此形容刺點的爆發力：「它從景象中，彷彿箭一般飛來，射中了我」。知面促使觀者得以指認攝影者的創作動機與目的，甚至解構相片中的種種迷思。迷思一來賦予攝影各種用途，包括「傳達訊息、代表複現、突襲驚嚇、產生意義、激起想望」，但另一方面，卻也可能因為觀者辨識了相片中的迷思，而選擇與其保持一段距離，並不完全加以探信。知面與刺點和平共存於同一張相片中，但卻各自產生不同的作用力。知面具有語碼或固定意義，刺點卻不然。反之，刺點或許不該是具有意圖的，它通常是相片中一個渾然天成的「細節」，作為畫面的附加物，刺點多少有其潛在的擴展力，巴特認為此一力量常是「換喻性」的，透過該細節不經意的搬弄和展演，觀者因而領會了相片中的指稱對象，並將連上個人經驗。除此，刺點的另一擴展力為：即便它僅是一細節，卻又同時充滿整張相片，吸引了觀者的注目與聯想。

以知面和刺點此兩項元素來檢視廣告攝影與新聞報導攝影，巴特表示由於廣告具有營利性質，故必須有清楚明白的意義，然而若進一步檢視即可發現，廣告攝影的訴求固然顯著，訊息的傳遞卻多半仰賴迷思產生不言自明的作用，撩撥閱聽眾的消費欲望，若閱聽眾本身不具相關的批判度或識讀能力，經常無法拆穿其假面（即巴特所言「絕對純粹的意義」）。至於報導攝影，巴特則主張多數的報導攝影都是「單一攝影」（photographie unaire），這類影像足以誘發觀者的乖順興趣，存有知面並造成震驚，但卻不含刺點，此種視覺語言「誇張地轉換『真實』而不使之分化搖曳」，塑造一種凝聚力與單一的詮釋方向，致使觀者瞬間就接收了，然而未能營造出殘存心中的深遠意義。在此我欲提出的質疑是：儘管報導攝影或許帶有其強制性的單一性轉換，力求主題的單純與統一，訴諸直接的震撼力，然而觀者在震驚之餘，是否真的不會被觸碰到內心底層的感懷？又，觀者是否也可能自行衍生更為深奧的意涵？

　　訊息的承載，事實上就是carrying／攜帶。在畫面上很明顯的它就在表層上有這樣的意思，那麼hidden，就是隱藏的訊息，從我們的文化素養裡面所出來的一些訊息。而呈現和隱藏的差別就是在於呈現在最上層，而隱藏得要受過專業訓練，所以只要有大腦，只要有眼睛，我們就可以看到這樣的從畫面所呈現的內容。1980年代法國學者羅蘭·巴特提出一個觀念，也就是在影像裡面事實上有兩種訊息：一種是他稱為「知面的訊息」，知面的訊息就是我們一般的人，只要受過一定的程度教育，就能夠從圖片得到大部分的知識性訊息。而他又提出另外一個觀點，稱為「刺點的訊息」，也就是在同樣的一張照片，對不同的人來講，他可能看到某一個局部的時候，看的人會特別的得到心理上的感受，這個是羅蘭·巴特提出來的刺點的訊息。事實上，後來有非常多的學者也把刺點的訊息稱為親密的訊息，即intimacy；也有學者認為影像的特徵，在於每個人對於影像中的不同地方會特別覺得熟悉，特別覺得有反應的部分，這部分會因人而異。

　　在影像上面有另外一個特質，就是所謂的「此曾在」的訊息，事實上，這是拉丁文的原文叫做memento mori／死亡象徵，那麼這個memento mori這樣的「此曾在」的概念，基本上，就是告訴我們在影像上面，所出現的這些景物、這樣的場景、事物的狀態，基本上，它是曾經在某一個鏡頭前面存在過，我們講「此曾在」，也就是在畫面上所呈現的內容，基本上，是一個實際存在的一個時空狀態，這是影像和繪畫最大不同的地方。而「此曾在」，這樣一個概念在memento mori這樣一個原文的語意上，又可以翻譯為「死亡的提醒物」，原因是memento mori這個語詞是從羅馬帝國時代一個風俗習慣來的，如果在google上面尋找mementoi mori，描述的是在羅馬帝國時代，羅馬的軍隊打勝戰之後，回到羅馬，羅馬會舉辦一個大遊行，大遊行的時候，指揮的將官會站在高處來檢閱打勝戰的軍隊閱兵儀式，在羅馬的習俗上面會有一個小兵站在將軍的背後，提醒將軍說，一切事物都要

過去，意思是請這位將軍不要因為盛大的閱兵儀式，讓他沖昏了頭，認為自己是不可一世的人，這樣一個提醒的人，也就是memento mori 的來源，也就是我們講的「死亡的提醒物」，這死亡的意義是指一切事物都將要過去，也就是當我們在看一個影像時候，事實上，影像的那些景物，事實上都已經過去了，也就是「此曾在」裡面講的曾經存在過，而不是現在存在，而曾經存在過這樣的一個特質，事實上，也就是影像訊息的特質，所以日本的學者稱影像是未來和過去的交會之處。

　　未來的意思是指一個影像在拍攝的時候，基本上，不管是為了自己未來要看，或者是為了別人的未來要看。如果我們是媒體工作者，大家都知道，不管是電影、電視新聞台還是照片，或者是雜誌，都是為了未來給觀者看而拍攝的。所以影像的特質在於拍攝者是為了未來的需要而拍攝，但是當觀者觀看到這些影像的時候，這些影像的事物狀態都是曾經存在過，都是已經成為過去了，所以一張照片，所承載著未來的訊息，也承載著過去的訊息，這是一位日本學者所提出來的觀念。所以我們可以說，作為訊息傳播的載體或媒體的影像，它要能夠傳播訊息，基本上是有兩種方式：一個是「呈現」，另一個是「隱藏」。當一個影像能夠被大眾很清楚的、很容易的讀取，事實上比較是呈現的部分，但是影像事實上包含了非常多隱藏性的訊息，而隱藏性的訊息就是我們在前面提到過的，它是得要受過比較專業訓練的人，才能夠解讀到的訊息，我們來瞭解一張影像能夠承載多少訊息，而觀者又需要哪一些素養才能夠從這些影像得到隱藏的訊息？

## 第六節 影像脈絡性的訊息

同樣的一張照片放在左邊，一張照片放在右邊，當它換成左和右不一樣的時候，它的訊息又會不同，這就是我們講的脈絡性訊息。事實上電影的剪接，或者是電視的剪接所產生蒙太奇的效果，或者是在美術創作上面，我們講的拼貼，即collage，這些都是脈絡性訊息的掌控。例如：同樣是「我愛你」三個字，但是如果把這三個字擺放的順序改變的話，變成「我你愛」，或者是「愛我你」，或者是「你愛我」，我們都知道因為排列的順序改變了，所以這三個字出現的內容就不一樣了，這就是我們講的脈絡性訊息。

如何從雜誌上、從布料上、從壁紙上，把它們湊在一起變成一個新的視覺的內容，這個我們稱為「拼貼」。今天拍的這段，和明天拍的那段，哪一個擺在前面，哪一個把它縮短一點，哪一個壓縮一點點等等，這就是我們所講的影片上蒙太奇的效果，這個都是脈絡性訊息的簡介。同樣的影像在呈現的時候，把它放在特定的位置上面，使它產生一個特定的訊息，基本上就是我們講的脈絡性訊息。在前面幾個例子，可以看到當這樣的影像並置在一起時，它所產生的訊息，和單一影像單獨呈現的時候，它所產生的訊息，是不一樣的。所以，在影像承載的第一個訊息上面，我們可以看到，影像的最表端呈現是一個所有的生物在求生存的時候，它必然要關注的，用它的本能必然要觀看的訊息，這就是我們講的一個觀者注視點，這基本上是一個視覺心理學的專有名詞，最先到達的地方，就是我們講的影像呈的基本內容也是影像中訊息量最大之處。

對一個觀者來講，如果同時有植物和礦物存在的話，觀者一定先看到植物，因為植物的用處要比礦物高一點；如果同時有動物和植

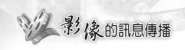

物存在的話，人類一定先看動物，再看植物，這也是因為動物比較具有威脅性；而同時有人和其他動物存在的話，那麼觀者一定是先看到人，再看動物：那麼同樣的兩個人存在，一個是臉，一個是身體的話，我們一定是先看到臉；同樣是臉，而另外一個畫面是一個眼睛的話，我們一定是先看到眼睛。所以基本上，我們注視點是最先到達的地方，它訊號的強度，基本上是眼睛，再過來是臉孔，再過來是身體，再過來是非人的動物，再過來是植物，再過來是礦物，這是我們在講影像的第一層訊息裡面，注視點最先到達的地方。所以，在影像上這樣一個觀看的能力，事實上是不需要學習的，因為我們作為一個生物的本能，必然是按照這樣的優先順序來看，這也就是我們所講的，在運用影像的訊息傳播上面，它的訊息強度是按照**圖1-3**的順序排列的。

礦物＜植物＜動物＜身體＜臉＜眼睛

**圖1-3　訊息的注視強度**

## 第七節　視覺影像的五大要素

### 一、照明光線

　　一張影像能夠承載的訊息基本上有三層，這三層裡面的第二層是載具本身的訊息，也就是視覺元素和圖像構成的訊息，而第三層是在觀者過去的生活經驗裡面賦予影像的一種文化性訊息，過去的經驗為什麼會賦予影像文化性的訊息？我們的視覺基本上是由五大要素所構成的，我們都知道如果沒有光線是看不到東西，因此，「照明光線」是第一個構成視覺的重要因素。

### 二、事務的狀態

　　第二個構成要素就是「事物的狀態」，我們睜開眼睛如果眼前一片白茫茫，任何東西都看不到，基本上我們會覺得緊張，會覺得不安心，這是因為能夠支撐我們生命的垂直線和水平線都看不見，如果我們到都市裡面，即便那個都市空無一人，我們仍會感覺比在原野當中安全，這是因為都市裡面有很多水平線以及垂直線。所以「事物的狀態」，也就是影像的訊息來源，是第二個構成視覺的五大訊息之一。

### 三、針孔和暗箱

　　第三個構成要素就是「針孔和暗箱」，也就是影像基本上是從針孔來的，最早的針孔暗箱，是畫家在使用的，畫家為了要把眼前的

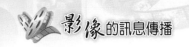 

景物畫得一模一樣，因為每個人受訓練的程度不一樣，所以畫得有誤差，但是有了暗箱這個技術發明後，畫家都是從暗箱背後的影像來把風景畫得一模一樣。所以暗箱成像的地方叫做針孔，有針孔就會有影像，而這影像如果有別的光線進來，影像就會受別的光線干擾，所以必須要有一個像照相機機身的一個擋光線的地方，要呈現影像它必然不可缺的要素就是這兩個：一個是針孔，一個是暗箱，這兩個加起來就是我們講的照相機的功能，所以「暗箱和針孔」是構成視覺的第三個要素。我們的眼睛，基本上眼球本身是遮光的，這就是我們講的暗箱，而經由瞳孔的光線，透過進去在我們網膜上呈現一個影像，這就是呈現影像的方法，所以針孔和暗箱，事實上就是我們的瞳孔和眼球，也就是照相機的鏡頭和機身的結構。所以視覺要能夠形成，如果我們沒有眼球及瞳孔，我們大腦是接收不到資料的，這是第三個要素。

## 四、視覺生理機制

第四個要素我稱之為「視覺生理機制」，剛才講的眼球和瞳孔之外，在眼球的底下有一個視網膜，視網膜就等於我們的軟墊，它會把瞳孔所投映到網膜上的影像轉換成化學的電器訊號，經過我們的腦神經傳遞到大腦裡面，這樣一個機制就是視覺的生理機制，而視覺的生理機制是在我們作為一個生物求生存的過程當中，它會對網膜送進來的光學資料做了非常多的扭曲，這扭曲都是我們各種特殊視覺現象的真正原因，所以是視覺生理機制的本身。例如：同樣「台灣」兩個字，你用鋼筆寫，用麥克筆寫，用毛筆寫，寫的形狀和寫的性質會不一樣，這就是我們視覺生理的機制，對我們視覺的結果和內容所產生的影響。

## 五、視覺心理機制

　　第五個不可或缺的要素，就是我們大腦裡面有的長期記憶庫和短期記憶庫的機制，也就是所謂的「視覺心理機制」，當我們小時候，在學習的過程當中不斷地輸入的機制，就是在長期記憶庫裡面，我們必須要有這些資料，我們才看得懂現在眼前的一些事情，也就是說，你小時候沒有看過什麼叫熊貓的話，現在給你看熊貓這個東西，你不知道牠叫做熊貓；或者說小時候指著黑色的牆說這是白色的時候，我們以後看到黑色都會說是白色，也就是說我們現在能看懂眼前事物的狀態，基本上是因爲我們大腦裡面儲存的這些資料，這些儲存的資料就是從幼稚園開始，我們不斷地閱讀各式各樣的書籍所必然要的一個機制，在生活上，我們必須要有這樣的條件，我們才能夠活得下去，同樣地，小孩子在一段時間喜歡亂摸東西，摸牆壁、摸地板、摸這摸那，事實上這在資料儲存上面是非常重要的，它是在儲存視覺和觸覺之間的連結關係，所以我們在自己有小孩的時候，應該鼓勵自己的兒女，經常隨便亂摸東西，陪小孩亂摸東西，這都是讓小孩子的大腦裡面的長期記憶庫有更豐富的生活經驗，也足以影響到他日後的生活行爲（**圖1-4**）。

　　以上所講的五大要素，也就是構成視覺的五大要素，因此，我們大腦裡面所儲存的所有資料，就是我們能夠看見一個影像賦予它文化性意義的真正原因。我們在看影像的時候，第三層的這些文化性意義，這些語意符號的意義，都是來自於我們過去所受的教育、所閱讀的書本，而得到的一些連結。在前面也提到過老鼠被隱喻成爲小偷，或者小偷被隱喻爲鼠輩，這個都是從文化的學習而來的。因此，影像的解讀，在解讀的程度上面，基本上，就反應觀者的文化程度，我們通常可以簡單的下個結論，我們從一張照片能夠讀到的訊息，是反

**圖1-4　構成視覺的五大要素**

映觀者教育的程度，這是從影像訊息裡面第二層和第三層需要的，觀者大腦裡面所儲存的，長期記憶庫裡面有沒有足夠的資料能夠讓觀者解讀到影像所隱藏的訊息。再回到前面來說，影像所呈現的訊息就是作為生物求生存必關注的訊息，它有三項，第一項是「劇情」，第二項是「變化差異」，第三項是「事物分類的特徵」，而事物分類的特徵基本上是隱藏在被攝體的造形和輪廓線上面，輪廓線叫做contour line。作為生物求生存必然關注的訊息也叫做直接義，這樣的訊息事實上不需要專業訓練，任何人都會在他的生活經驗當中，學習到如何解讀這個部分的訊息。而另外兩個訊息，前面說到的隱藏的訊息，基本上是在一張影像上面所呈現的。但是如果我們把不同的多張影像放在一起的時候，它會出現第四種訊息，第四種訊息稱為「脈絡性訊息」，脈絡是複數，兩張以上的影像並置在一起的時候，觀者的視覺會同時解讀這兩張照片之間的差異，從這個差異裡面產生一種新的訊息，就稱為脈絡性的訊息。

# 第二章　影像訊息概念

- 訊息的傳遞和交流
- 影像初始訊息
- 視覺心理的訊息
- 影像的基底
- 影調元素
- 視覺線條元素

# 第一節　訊息的傳遞和交流

　　人類個體、組織之間的訊息傳遞和交流，來自於媒體資訊發達及不斷地在進化，所以訊息具有不滅性。訊息不像物體和能量，物質是不滅的，能量也是不滅的，其形式可以轉化，但訊息的不滅性與它們不一樣。一個杯子被打碎了，構成杯子的陶瓷其原子、分子沒有變，但已不成為一個杯子。又如能量，我們可以把電能變成熱能，但變成熱能後電能已經沒有了。而訊息的不滅性是一條訊息產生後，其載體可以變換，可以被毀掉，如一本書或一張光碟片，但訊息本身並沒有被消滅，所以，訊息的不滅性是訊息的一個很大的特點。訊息也具有無限複製性，可以廣泛傳播，訊息的複製不像物體的複製，一條訊息複製成一百萬條訊息，費用相當低廉。儘管訊息的創造可能需要很大的投入，但複製只需要載體的成本，可以大量地複製，廣泛地傳播。訊息具有指向性，某些訊息的價值有很強烈的時效性，一條訊息在某一時刻價值非常高，但過了這一時刻，可能一點價值也沒有。例如：現在的金融訊息，在需要知道的時候，會非常有價值，但過了這一時刻，這一訊息就會毫無價值。又如戰爭時的訊息，敵方的訊息在某一時刻有非常重要的價值，可以決定戰爭或戰役的勝負，但過了這一時刻，這一訊息就變得毫無用處。所以說，部分的訊息有非常強的時效性。

　　媒體訊息傳播的特點有：(1)速度快；(2)範圍廣；(3)訊息快；(4)消耗低；(5)形態多樣。形態多樣是指訊息傳播的多媒體形式，不論文字、聲音、影像、圖片或數據，無所不包。

　　迅速及時是指傳播的時效性進一步提高，受眾對於訊息傳播速度的心理期待進一步提高，人們要求更快速、更準確地獲得所需的訊

息。全球傳播是指任何上網訊息都是全球性散布和全球性接收的，這使得對網絡傳播機構表現的評判和對訊息內容的解讀，都有可能成為全球性的行為。各種標準和價值觀之間的學習和衝撞，也無法避免。訊息互動交流是網絡傳播的重要特徵，這種特性的實現是建立在數據庫技術基礎之上。也就是在電腦識讀訊息和數據的基礎之上的。這保證雙向即時交互傳播，得到強大的科技力量支持，從而成為現實。

　　媒體不斷地超越和再進化，現今的媒體我們稱為超媒體時代。所謂「超媒體」是超級媒體的縮寫，超媒體是一種採用非線性網狀結構多媒體訊息（包括文本、圖像、視頻等）進行組織和管理的技術。超媒體在本質上和超文本是一樣的，只不過超文本技術在誕生的初期管理的對象是純文本，所以叫做超文本。隨著多媒體技術的興起和發展，超文本技術的管理對象從純文本擴展到多媒體，為強調管理對象的變化，就產生了超媒體這個詞。在20世紀70年代，用戶語言接口方面的先驅者Andries van dam創造了一個新詞「電子圖書」，電子圖書中自然包含有許多靜態圖片和圖形，它的含義是你可以在電腦上去創作作品和聯想式地閱讀文件，它保存了用紙做存儲媒體的最好的特性，而同時又加入了豐富的非線性鏈接，這就促使在80年代產生了超媒體技術。超媒體不僅僅是一個技術詞彙，它是新媒體意識與新商業思維的雜交，含有「超媒體」的意思，是Web 2.0與全球化3.0即個人全球化、媒體化的有機聚合。事實上，從現在個人最常用的E-mail、Facebook，到像Autodesk公司那樣專門為電腦設計師打造的交互設計平台，從比爾‧蓋茲「未來之路」寬帶視頻的「超級連結」，到Google Earth的超市地球，都是不同層面不同量級的超媒體產品。

　　超媒體更是一種新商業思維：一是你是否具備媒體意識，二是你提供的商品是否具有針對用戶的媒體服務。超媒體不僅可以包含文字，還可以包含圖形、圖像、聲音、動畫或影視等多種媒體來表示訊息，這些媒體之間也是用超級鏈接組織的，而且它們之間的鏈接也

是錯綜複雜的。「超媒體」打破了傳統的單一媒體界限和傳統思維，將平面媒體、電波媒體、網絡媒體整合形成能夠左右一個區域乃至整個國家的超級力量，在不久的將來每個人都會深刻感受到超媒體的倍增效應——「用得上，用得起，用得好」。「超媒體」開創了「整合資源」的新模式，是新媒體意識與新商業思維的有機聚合。隨著4G網路為代表的核心技術的推廣引用。傳統的文化產業生態將發生根本轉變，傳媒業也將突破傳統媒體的單一形態，朝著「超媒體」方向發展，即實現報紙、廣播、電視、雜誌、音像、電影、出版、網絡、電信、衛星通信等媒介形式深度融合系統開發，實現訊息跨媒共享、資源跨行配置、文化跨域交流，並且凸顯以媒體為核心的關聯產業合作式發展。「超媒體」是一個時代的象徵、一個實力的象徵，更是一種希望，它將成為全球最大的實效媒體。在人際交流中，除了音頻、視頻之外，其他形式的訊息所占比例越來越大，如電子郵件、氣象雲圖、醫學圖片等，都需要超媒體提供全面的技術支持。

　　超媒體與多媒體的不同在於：前者是由文字、圖像、圖形、視頻和音頻五種媒體元素組成的，後者僅包含視頻、音頻和文字三種元素，超媒體技術是將上述五種媒體元素與Web應用、遠程協作、訊息播放與存儲等技術相結合。更可以為用戶提供更高的人機交互能力，用戶可以根據自己的興趣與訊息需要設定路徑和速度，甚至修改內容或對內容加註解，可以任意從一個文本跳到另一個文本，並且激活一段聲音，顯示一個圖形，甚至播放一段視頻。因此，從本質上講，超媒體是一種交互式多媒體，而交互式多媒體不一定都是超媒體。它不僅是一種人機交互技術，還涉及內部結構等多方面的整合改造。從應用上講，超媒體更接近人的思維，透過超媒體，可以提供比超文本鏈接層次更高的響應，實現更為便利直觀的雙向交流，超媒體和超文本都以非線性方式組織訊息，本質上具有同一性。由於二者都與多媒體密切相關，因而容易混淆。在超文本中，訊息的主要形態是文本和圖

形，以節點形式存儲訊息，實現相關節點間的非線性、聯想式檢索。而超媒體是一種在一條條訊息間創建明確關係的方法，它把超文本的含義擴展爲包含多媒體對象，而且能夠實現音頻與視頻訊號的同步。因而，較之超文本，超媒體處於更高層次的「生態位」，它利用超文本技術來管理多媒體訊息，成爲支持多媒體訊息管理的主腦；它能夠組織的訊息對象繁多，是媒體中的「巨無霸」，完全可以視作「超級媒體」，因此，未來超媒體人際交流是不可或缺的溝通工具。

 ## 第二節　影像初始訊息

　　我們看所有地球上的生物，草食動物的兩個眼睛是長在頭顱的兩側，一個眼睛大約可以看到180度的角度，牠在兩側的時候，大概可以看到360度的警戒範圍。相對而言，肉食動物的眼睛就得要長在頭顱的正前方，這個原因是爲了必須要捕獲獵物，在捕獲獵物的時候，必須要先計算獵物和牠之間的距離，這中間因爲要得到空間上深度的資訊，所以就要靠兩隻眼睛在頭顱的前方，有兩個眼睛的視野能夠重疊，在那個重疊部分，能夠看到空間深度。所以，我們從圖2-1這張圖形看到，事實上兩個眼睛的視角重疊的地方，就是空間深度可以讓我們大腦知道的。

　　而另外一個訊息是雙眼線索的訊息，兩個眼睛在觀看獵物的同時，眼球肌肉轉動的同時，我們可以感受到空間深度，所以從圖2-2可以看到，兩個眼睛基本上對於一個立體的東西，看到的影像，基本上，左眼及右眼的影像視差是不一樣的。因此，當視差重疊在一起時，我們就可以看到空間深度。事實上，我們看《阿凡達》立體的電影時，必須要戴眼鏡，可能是紅色和綠色的顏色差異的眼鏡，也可能是偏光鏡，這個都是因爲我們要讓兩個眼睛得到資訊稍微有差異，才

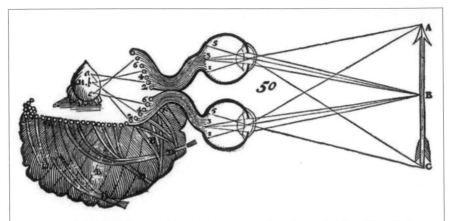

Figure 3. Binocular stereoscopic visual system as imagined by Des Cartes. The two retinal images of the arrow are accurately, point for point, projected upon the surface of the cerebral ventricles and thence to the centrally located pineal gland, H, the supposed "seat of imagination and common sense".
From Polyak (1957).

箭頭的兩個視網膜圖像的準確，是點對點，而大腦的中心是投影在果體表面上。

### 圖2-1 雙目立體視覺系統（德卡爾特）

資料來源：http://webvision.med.utah.edu/book/part-ix-psychophysics-of-vision/the-primary-visual-cortex/

能夠看到空間深度，這正所謂的3D視覺影像訊息。這也就是生物作爲求生存時，必然要關注的訊息，也就是影像承載的第一層訊息。

事實上，有一些學者提到的有關於影像的直接義，這樣的訊息也就是劇情、變化差異、事物分類的特徵。所以，作爲一個生物必然關注的訊息，就是我們要活下去的前提，也就是我們的大腦和視覺器官要讓我們能夠在每一時刻、每一秒鐘都能夠視覺現場，掌握訊息、掌握現場，這樣才能夠從天敵中逃脫出來。或者是餓了十天或二十天，好不容易捕到獵物時，我們能準確地把獵物抓起來充飢，這都是和我們的生存有關的，也就是我們講的影像的直接義。所以，在「爲了要生存」這前提下，我們的視覺是在非常瞬間的狀況下，我們的大腦必須處理這三個基本訊息：(1)牠是什麼？是我要逃的，還是我要抓牠

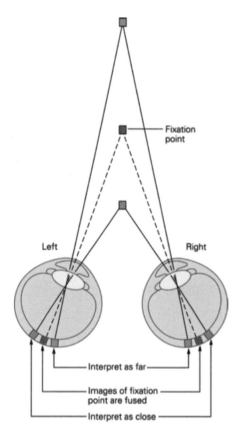

因為兩眼睛間的距離,導致不同的距離落在兩個視網膜的不同點的對象,大腦可以提取從視覺中的二維訊息之深度知覺。

**圖2-2 視網膜像差**

資料來源:https://courses.candelalearning.com/ap2x1/chapter/central-processing/

的?(2)牠在哪裡?這空間深度?牠離我有多遠?我要跑多快?或者是牠離我有多遠?我要跳多用力?(3)牠在做什麼?牠是死的還是活的?牠會動還是不會動?所以這三個訊息我們稱為視覺的初始訊息(primitive information)。

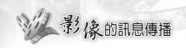

# 第三節　視覺心理的訊息

　　視覺是指物體的影像刺激視網膜所產生的感覺。光作用於視覺器官，使其感受細胞興奮，其訊息經視覺神經系統加工後便產生視覺（vision）。透過視覺，人和動物感知外界物體的大小、明暗、顏色、動靜，獲得對機體生存具有重要意義的各種訊息，至少有80%以上的外界訊息經視覺獲得，視覺是人和動物最重要的感覺。胡適先生在〈答藍志先書〉中提到：其實「拼音文」是雙方的，拼的音是「聽覺的」，拼成的文字是「視覺的」。視覺是透過視覺系統的外周感覺器官（眼）接受外界環境中一定波長範圍內的電磁波刺激，經中樞有關部分進行編碼加工和分析後獲得的主觀感覺。人的眼可分為感光細胞（視桿細胞和視錐細胞）的視網膜和折光（角膜、房水、晶狀體和玻璃體）系統兩部分。其適宜刺激是波長為370～740奈米的電磁波，即可見光部分，約一百五十種顏色。該部分的光透過折光系統在視網膜上成像，經視神經傳入到大腦視覺中樞，就可以分辨所看到的物體的色澤和分辨其亮度。因而可以看清視覺範圍內的發光或反光物體的輪廓、形狀、大小、顏色、遠近和表面細節等情況。因此，視覺形成過程為：光線→角膜→瞳孔→晶狀體（折射光線）→玻璃體（固定眼球）→視網膜（形成物像）→視神經（傳導視覺訊息）→大腦視覺中樞（形成視覺）。

　　在演化過程中光感受器的形成，對於動物精確定向具有重要意義。最簡單的感光器官是單細胞原生動物眼蟲的眼點，使眼蟲可以定向地做趨光運動，渦鞭毛蟲眼點的結構更為完善，借助這種眼點對光的感受可以捕食。多細胞動物的感光器官逐漸複雜多樣，如水母的視網膜只是一種由色素構成的板狀結構，這種結構可給動物提供光線強

弱和方向的訊息。隨著動物的演化，出現了杯狀或是囊狀光感受器並具有晶狀體，可使光線聚焦使得光感受器由許多叫做個眼的結構排列在體表隆起之上構成，仍位於小囊之內，小眼中的光感受細胞爲色素所包圍，光線只能由一個方向進入小眼，故而能感受光的方向，這種視覺器官在演化過程中，在不同種類的動物表現爲特定的形式，如昆蟲的複眼。

脊椎動物的視覺系統通常包括視網膜，相關的神經通路和神經中樞，以及爲實現其功能所必需的各種附屬系統。這些附屬系統主要包括：眼外肌，可使眼球在各方向上運動；眼的屈光系統（角膜、晶體等），保證外界物體在視網膜上形成清晰的圖像。光感受器按其形狀可分爲兩大類，即視桿細胞和視錐細胞。夜間活動的動物（如鼠）視網膜的光感受器以視桿細胞爲主，而晝間活動的動物（如雞、松鼠等）則以視錐細胞爲主。但大多數脊椎動物（包括人）則兩者兼而有之。視桿細胞在光線較暗時活動，有較高的光敏度，但不能作精細的空間分辨，且不參與色覺。在較明亮的環境中以視錐細胞爲主，它能提供色覺以及精細視覺，這是視覺二元理論的核心。

在人的視網膜中，視錐細胞約有600～800萬個，視桿細胞總數達1億以上。它們似以鑲嵌的形式分布在視網膜中；其分布是不均勻的，在視網膜黃斑部位的中央凹區，幾乎只有視錐細胞。這一區域有很高的空間分辨能力（視銳度，也叫視力）。它還有良好的色覺，對於視覺最爲重要。中央凹以外區域，兩種細胞兼有，離中央凹越遠視桿細胞越多，視錐細胞則越少。在視神經離開視網膜的部位，由於沒有任何光感受器，便形成盲點。

視桿細胞和視錐細胞均分化爲內段和外段，兩者間由纖細的纖毛相連。內段，包含細胞核衆多的線粒體及其他細胞器，與光感受器的終末相連續；外段，則與視網膜的第二級神經細胞形成接觸聯繫，外段包含一群堆積著的小盤，這些小盤由細胞膜內褶而成。視桿細胞多

數小盤已與細胞膜相分離，而視錐細胞小盤仍與細胞膜相連。在正常情況下，外段頂端的小盤不斷脫落，而與內段相近的基部的小盤則不斷向頂部遷移，但在視網膜色素變性等病理情況下，這種小盤的更新會發生障礙。視色素在外段小盤上排列著對光敏感的色素分子，這種色素通稱視色素，它在光照射下發生的一系列光化學變化是整個視覺過程的起始點。視桿細胞的視色素叫做視紫紅質，它具有一定的光譜吸收特性，在暗中呈粉紅色，每個視桿細胞外段包含109個視紫紅質分子，視紫紅質是一種色蛋白，由兩部分組成。其一是視蛋白，有348個胺基酸，分子量約為38,000；另一部分為生色基團——視黃醛，是維生素A的醛類，因為存在若干碳的雙鍵，它具有幾種不同的空間構成。隨著視紫紅質的復生，視網膜的對光敏感度逐漸恢復，這是暗適應的光化學基礎。當動物缺乏維生素A時，視覺循環受阻，會導致夜盲。

視錐細胞的視色素的結構與視紫紅質相似，所不同者為視蛋白的類型，其分解和復生過程也相似。在具有色覺的動物，有三種視錐細胞，分別包含光譜吸收在光譜紅、綠、藍區的視色素，這種不同的光譜敏感性由其視蛋白的特異性所決定，由細胞膜對離子的通透性的變化所產生。光感受器在不受光刺激時處於活動狀態，即在暗中細胞膜的離子通道是開放的，鈉離子流持續地從細胞外流入細胞內，細胞膜去極化，光照則引起離子通道關閉，使膜電導降低，整個感受器超極化，細胞興奮。

光感受器對物理強度相同，但波長不同的光，其電反應的幅度也各不相同，這種特點通常用光譜敏感性來描述。在具有色覺的動物（包括人），數百萬的視錐細胞按其光譜敏感性可分為三類，分別對紅光、綠光、藍光有最佳反應，與視錐細胞三種視色素的吸收光譜十分接近，色覺具有三變量性，任一顏色在原理上都可由三種經選擇的原色（紅、綠、藍）相混合而得以匹配。在視網膜中可能存在著三種

分別對紅、綠、藍光敏感的光感受器，它們的興奮信號獨立傳遞至大腦，然後綜合產生各種色覺。色盲的一個重要原因正是在視網膜中缺少一種或兩種視錐細胞色素。在視交叉的部位，一百萬條視神經纖維約有一半投射至同側的丘腦外側膝狀體，另一半交叉到對側，大部分投射至外側膝狀體，一小部分投射至上丘。在上丘，視覺訊息與軀體感覺訊息和聽覺訊息相綜合，使感覺反應與耳、眼、頭的相關運動協調起來。外側膝狀體神經細胞的突起組成視輻射線投射到初級視皮層（布羅德曼氏17區或皮層紋區），進而再向更高級的視中樞（紋狀旁區，或布羅德曼氏18、19區等）投射。

從初級視皮層又有纖維返回上丘和外側膝狀體，這種反饋通路的功能意義還不清楚，但由於視神經的交叉，左側的外側膝狀體和皮層與兩個左半側的視網膜相連，因此與視野的右半有關；右側的外側膝狀體和右側皮層的情況恰相反。一側的外側膝狀體和皮層都接受來自雙眼的訊息輸入，每側均與視覺世界的對側一半有關，視覺訊息在視覺中樞通路的各水平上經受進一步的處理。外側膝狀體只是視覺訊息傳遞的中繼站，其細胞感受也保持著同心圓式的對稱中心，但到初級視皮層，除了很少部分細胞仍然保持圓形感受外，大部分細胞表現出特殊的反應形式，它們不再對光點的照射呈良好反應，而是需要某種特殊的有效刺激。

因此，簡單細胞所反映的已不再是單個孤立的光點，而是某種特殊排列的點群，這顯然是一種重要的特徵訊息。複雜細胞具有簡單細胞所具有的基本反應特性，但其主要特徵是它們對線段在視野中的確定位置的要求並不很嚴，只要線段落在這些細胞的感受中，又具有特定的方向，位置即使稍許位移，反應的改變並不明顯。複雜細胞的另一個特徵是，來自雙眼的訊息開始匯聚起來，不像外側膝狀體的細胞和簡單細胞那樣，只對一側眼的刺激有反應，而是對兩眼的刺激都有反應，但反應量通常是不等的，總是一隻眼占優勢，即對該眼的刺激

可引起細胞發放更高頻率的脈衝，這表明複雜細胞已開始對雙眼的訊息進行了初步的綜合處理。

初級視皮層在相當長一段時間內，被認爲是視覺通路的終點，就其對所處理訊息的抽象化程度來判斷，它可能只是一個早期階段，其他更高級的視皮層對視覺訊息進行著進一步的精細加工。人眼能看清物體是由於物體所發出的光線經過眼內折光系統（包括角膜、房水、晶狀體、玻璃體）發生折射，成像於視網膜上，視網膜上的感光細胞——視錐細胞和視桿細胞能將光刺激所包含的視覺訊息轉變成神經訊息，經視神經傳入至大腦視覺中樞而產生視覺。因此視覺生理可分爲物體在視網膜上成像的過程，及視網膜感光細胞如何將物像轉變爲神經衝動的過程。

光線透過眼內折光系統的成像原理，基本上與照相機及凸透鏡成像原理相似。按光學原理，眼前六米至無限遠的物體所發出的光線或反射的光線是接近於平行光線，經過正常眼的折光系統都可在視網膜上形成清晰的物像。當然人眼並不能看清任何遠處的物體，這是由於過遠的物體光線過弱，或在視網膜上成像太小，因而不能被感覺。當兩個物點發出或反射的光線進入瞳孔經晶狀體折光後的成像落在同一感光細胞上時，便不能被分辨，而感光細胞是有一定大小的，因此其密度是有一定限度的。因此，人眼便有一定的分辨率，該分辨率用參數最小角分辨率來表徵，一般情況下，人眼的正常角分辨率爲「1」。而正常眼，無論遠、近物體，透過折光系統都能在視網膜上形成清晰的物像，這是由於正常人眼具有調節作用，眼的調節主要靠改變晶狀體的形狀來調節，這是透過神經反射而實現的。由於晶狀體本身具有彈性，故而向前方及後方凸出，折光力增大，使輻射的光線能聚焦前移，成像於視網膜上。物體距眼球愈近，則達到眼球的光線的輻射程度愈大，則晶狀體變凸的程度愈大。反之，視遠物時，則晶狀體凸度減小。人眼晶狀體的調節能力隨年齡的增長而逐漸減弱。

眼呈球形，由鞏膜所包圍。鞏膜在前方與透明的角膜相接續。角膜之後為晶體，相當於照相機的鏡頭，是眼睛的主要屈光系統。在晶體和角膜間的前房和後房包含房水，在晶體後的整個眼球充滿膠狀的玻璃體，可向眼的各種組織提供營養，也有助於保持眼球的形狀。在眼球的內面緊貼著一層厚度僅0.3毫米的視網膜，這是視覺神經系統的周邊部分。在視網膜與鞏膜之間是布滿血管的脈絡膜，對視網膜起營養作用。角膜和晶體組成眼的光系統，使外界物體在視網膜上形成倒像。角膜的曲率是固定的，但晶體的曲率可經懸韌帶由睫狀肌加以調節。當觀察距離變化時，透過晶體曲率的變化，使整個光系統的焦距改變，從而保證外界物體在視網膜上成像清晰，這種功能叫做視覺調節。視覺調節失常時物體即不能在視網膜上清晰成像，可以發生近視或遠視，此時需用合適透鏡來矯正。瞳孔在光照時縮小，在暗處擴大來調節著進入眼的光量，也有助於提高屈光系統的成像質量，瞳孔及視覺調節均受自主神經系統控制。

　　眼球的運動由六塊眼外肌來實現，這些肌肉的協調動作，保證了眼球在各個方向上隨意運動，使視線按需要改變。兩眼的眼外肌的活動必須協調，否則會造成視網膜雙像或斜視。視網膜上億的神經細胞排列成三層，組成一個處理訊息的複雜網絡。第一層是光感受器；第二層是中間神經細胞，包括雙極細胞、水平細胞和無長突細胞等；第三層是神經節細胞。它們之間的接觸形成兩個接觸層，即光感受器與雙極細胞、水平細胞間組成的外網狀層，以及雙極細胞、無長突細胞和神經節細胞間組成的內網狀層。光感受器興奮後，其訊號主要經過雙極細胞傳至神經節細胞，然後，經後者（視神經纖維）傳至神經中樞。但在外網狀層和內網狀層訊號又由水平細胞和無長突細胞進行調制。這種訊號的傳遞主要是經由化學性接觸實現的，但在光感受器之間和水平細胞之間還存在電接觸（縫隙連接），聯繫彼此間的相互作用。

視紫紅質在亮處分解，在暗處又可重新合成。人在暗處視物時，實際上既有視紫紅質的分解，又有它的合成，光線愈暗，合成過程愈超過分解過程，這是人在暗處能不斷看到物質的基礎。相反地，在強光作用下，視紫紅質分解增強，合成減少，視網膜中視紫紅質大爲減少，因而對弱光的敏感度降低，故視桿細胞對弱光敏感，與黃昏暗視覺有關。視紫紅質在分解和再合成過程中，有一部分視黃醛將被消耗，主要靠血液中的維生素A補充。如維生素A缺乏，則將影響人在暗處的視力稱爲夜盲症。視網膜中存在著分別對紅、綠和藍的光線特別敏感的三種視錐細胞或相應的感光色素。由於紅、綠、藍三種色光作適當混合可以引起光譜上任何顏色的感覺。因此認爲視錐細胞與色覺有關，色盲可能由於缺乏相應的視錐細胞所導致。

## 第四節　影像的基底

在我們一般的腦袋裡面想像，我們會認爲那應該是一個全黑的畫面，什麼東西都沒有的一個全黑的畫面，我們看不到，我們都會認爲視覺剛開始在那全黑的畫面裡面有一個小的光點出現，這個我們叫做開始有視覺。而在1930年代德國的心理學家提出來的觀點，認爲沒有視覺的時候，視覺還沒有開始之前，並不是一個完全全黑的狀態，而是在視野眼睛所能夠看到的範圍中間沒有任何明暗的變化，這個叫做視野基底。而什麼叫做開始有視覺的刺激，這不是因爲有光線，而是因爲有明暗的變化，在視野之間有明暗的變化。

後來有科學家提出一個方法告訴我們，你可以用乒乓球把它剖開一半，然後把這個乒乓球剖開的兩個半圓球，套在你的眼睛前面，那麼你的眼睛即便是室內有光線照明，透過半圓球你也可以看到光線，因爲眼睛所到之處，你找不到任何明暗變化，因爲會被乒乓球的殼子

把所有的影像都遮斷起來，你看不到任何明暗變化。這個科學家說再過三分鐘，你的大腦自動會判斷，這是沒有視覺而覺得是一片全黑，那麼這種視野基底的概念，就是告訴我們是視覺開始，起初是明暗變化，而不是有沒有光線，而我們剛才講兩個半圓球套在眼睛前面，即便是室內有光線存在，你都無法感受到視覺的存在，這是視野基底的概念。視野基底的概念提示我們一件事情，就是真正視覺的起始是明暗變化的出現，所以我們說視野有了明暗變化的存在，事實上，表示事物的存在。因此，我們可以看到視覺基本上是在找明暗變化，而不是在找有沒有光線，那麼當然光線的造成也會造成光線明暗的變化，所以明暗的變化、明暗的差異存在，對生物來講意味著有東西存在。

所以1930年代這些視覺心理學家，也告訴我們為什麼小動物身上的毛色上面總是深色，而肚子底下總是淺色，這個原因是在大自然的日照底下，如果全身上下是完全一樣顏色的話，很自然上面的日照多就會變成淺色，而下面在陰暗的地方看起來就變成深色。所以對於遠處的天地來講，這個就意味著在某一個地方，在看到明暗變化的地方，有一個立體物的存在。

所以，對觀者的視覺而言，明暗或者也稱為影調，這個才是影像最基礎的部分，也是最重要的部分，明暗或者是影調，這兩個是同樣的意思，都是影像基礎的訊息，因為就是我們視覺的基礎的訊息，事實上，如果我們仔細的思考，所有軟片的綠色片運用，或者是軟片的顯眼量或曝光量的運用，或者是在洗照片的時候使用的有號數綠色片等等，這些所有的影像操作技術，其實都是為了一個目的，就是控制影像的反差而有，控制影像的明暗而有的。

對影像藝術而言，暗部的層次，所謂的Shadow Detail，對攝影的藝術而言，或對專業攝影而言，就是專業的名詞。藝術家所關心的就是暗部的層次有多少細節，而亮部的層次有多少細節，或者是一張照片裡面有沒有光影感，或者是明暗層次的變化有多豐富，這都是攝影

的專家或影像的藝術專家，在影像裡面強調或講究的部分。所以層次感英文叫做Gradation，或者是光影感Light & Shadow，或者是影調，這些都是影像專有的特質，那麼也是影像藝術的本質，就是影調或是明暗的層次是否豐富。

因此，在1950年代開始，在美國有一種攝影的技術出現叫做Zone System／暗部細節，翻譯成為區域曝光，這樣的翻譯是過分的簡化，而實際上，如果我們瞭解它的意思，我們應該稱為影調分階控制系統。這影調的分階控制系統終究來講就是利用軟片，我們在拍照的時候給軟片的曝光量多少的控制和顯影軟片的時候，顯影量多少的控制，來精準地控制在相片上，能夠出現最豐富明暗的影調的層次。不管在攝影現場是多麼反差小或者是在攝影現場反差是多麼大，如果是直射太陽，我們講反差小可能是在樹蔭底下，不管是攝影現場的明暗照明反差有多大，透過Zone System這樣的技術，我們就可以在照片上面得到最豐富的層次，所以我們從這個Zone System的本質來看，我們也知道影像的本質就是明調層次變化是否豐富，那麼尤其是Zone System，基本上在講究第七、第八階調的亮部的層次是不是豐富，或者是第二階、第三階的層次是不是豐富，所以Zone System基本上是把一張照片一張相紙的影調分成十一個階段來看，而這每一個階段互相曝光量都是差一格光圈而造成的，這就是我們講的Zone System影調的豐富。

 ## 第五節　影調元素

事實上，我們可以從視覺生理的角度來看，視神經在傳遞訊息的時候，也就是說，當我們的水晶體把影像投映在網膜上，網膜上面的感光體把光線的明暗轉換成強弱變化不同的訊號，而要從視神經傳到大腦的時候，在視神經傳遞的時候，它的明暗是被改變的，那麼也因

此是我們講的測意志的功能，測意志的功能也就是影像實際上明暗變化在傳遞的過程當中被加強它的明暗變化。越加強就越快速能夠看到是什麼這樣的訊息，所以在視覺心理學上有「馬赫帶」這樣的名詞，或者是「赫曼方格」，這樣的方格，其實都是因為視神經在傳遞視覺訊息的過程當中做了手腳，所以我們可以知道這樣的錯視，或者這樣的視覺，基本上是欺騙，基本上我們視覺看的不是真實，因為是做出來的，所以從**圖2-3**中可以看到，左邊的黑和右邊的白，在中間交錯的地方，我們的視覺會把白的在交錯的地方變成更白，把黑的在交錯的地方變得更黑，可以加強強調這個黑和白之間差異的地方。這個就是我們視覺心理學上講的測意志的功能。

　　測意志的功能基本上是視神經在傳導視覺訊息的時候做了手腳的，所以我們可以看到下面這張圖叫做馬赫帶的效果，也是可以看到，基本上那個直線的部分是實際上光線的物理變化，被加強在那樣交界的地方被加強，和暗的交界的地方變更黑，這就是我們講的馬赫

**圖2-3　馬赫帶的現象**

資料來源：http://www.eng.tau.ac.il/~hedva/documents/does_the_chromatic_mach_bands_
　　　　　effect_exist_.html

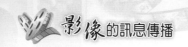 

帶，也就是我們講的視覺的錯視的由來。**圖2-4**基本上也是一樣，看到ABCD這樣的變化，是垂直角的變化，這是光線物理的狀態，但是到了我們的視覺事實上AB的B地方會被提升，因此是最亮的地方，那麼在CD的C是暗地方的角落，也是和亮地方的交界處會被壓下去，所以變成更黑的地方，這個就是馬赫帶。

　　**圖2-5**仍然是馬赫帶的變化，而馬赫帶就像是我們現在看到的黑白層次表一樣，中間看起來灰和更灰的地方，看起來會凸起來，這條線就稱為馬赫帶，也就是在視覺心理學非常有名的一個法國學者馬赫所觀察出來的。

　　**圖2-6**叫做赫曼方格，就是在黑色的方塊集合的過程當中，我們

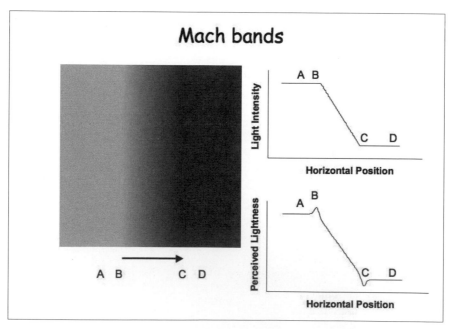

眼睛主觀的邊緣對比較應，增加亮度變化的對比強度，是一種視覺效果。右上方的曲線為A～D水平切線的像素值變化，右下方的曲線為人類感官所感測的數值變化。

**圖2-4　馬赫帶效應（一）**

資料來源：http://aboutdada.com/wp-content/uploads/2014/12/Mach-Band.jpg

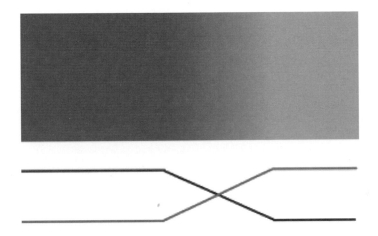

是指人類視覺錯覺（Vision Illusion）造成的結果，是奧地利物理學家Ernst Mach發現的
一種明暗對比的現象，指人類眼睛在明暗對比交接處，亮處更亮，暗處更暗的現象。

**圖2-5 馬赫帶效應（二）**

資料來源：http://aboutdada.com/wp-content/uploads/2014/12/test2.bmp

人類的感知器官在接受過久的刺激後會鈍化，造成了補色及殘影的視覺錯覺。

**圖2-6 赫曼方格**

資料來源：http://www.optikum.at/neues-vom-hermann-gitter/

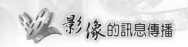

可以看到方塊和方塊之間，有一個小的實際上不存在，但是在我們的知覺裡，我們可以看到一個小的灰色的點，這小的灰色點都是因為我們的視網膜在傳遞視覺訊息的時候，左邊右邊上下都要做測意志，所以中間就變成一個小黑點，這個小黑點是物理儀器所測量不到的，它只存在我們的大腦裡面，我們的知覺裡面，就有點像我們說白色的光線是不存在的，白色的光線只存在我們的知覺裡面，是等量的藍綠紅，三元色光累積成在一起，我們稱那為白色光。白色光是儀器測量不出來的，因為儀器測量只可以測到分光的強度，這就是我們講的赫曼方格。

因此，我們知道在採光的時候，不管是在拍動態的影片，或是拍靜態的圖片，在採光的時候，基本上控制的是明暗變化的地方，而我們要求的是照明反差，就是在調整影像所受的明暗差異的變化，這個差異不單單只有明暗變化的差異，還有我們要談到的幾個差異，比如說線性方向的差異，基本上線性方向是和視覺的參考座標所做比對的。

## 第六節　視覺線條元素

在上一節談到視覺追求差異的，那麼明暗差異是在影像裡面最基礎的，而且也是終極的元素，然而事實上還有別的差異，讓我們看圖2-7這條線，這是一條水平線。

圖2-8我們看到垂直線及斜線，事實上，我們看到水平線和垂直線都可以說是非常靜態的線條，而斜線卻是讓我們覺得在這三條線裡面最動態的線條。

圖2-9中我們可以看到有尖銳夾角的曲線，它的動感更強，事實上，這個原因就是因為我們在看圖片、影像的時候，我們的知覺都會

圖2-7　水平線

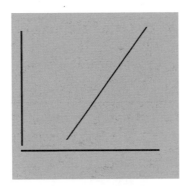

圖2-8　垂直線及斜線

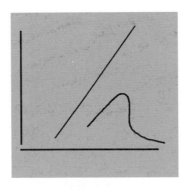

圖2-9　曲線

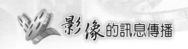

去計算這個線的軸心和視框，也就是我們講的空間的參考座標，就是視框之間距離的變化。而水平線和垂直線與視框之間的距離，沒有變化，所以我們看到比較安靜的線條，而當斜線的時候，因爲它和視框之間的距離變化不斷地在改變，在最左下方離右邊的視框最遠，而右上方離右邊的視框是最近。同樣地，右上方線條的這個點離左邊最遠，而越到左下方的時候，它的距離越近，這樣的變化，這樣的線和視框之間的變化會使得我們感知到這條線的動態，也就是差異。

　　所以，我們再看**圖2-10**，這是一個視覺心理學家的實驗，他讓觀者看這個A字的字型，只給觀者看兩秒鐘（左圖），我們可以看到觀者的注視點是集中在A的上方，還有A的橫線和斜線的地方，還有橫線和右斜線的地方，這幾個點都是銳角、夾角的地方。如果我們讓同樣的觀者，看十五秒鐘的時候（右圖），我們就可以看到注視點停留的地方，事實上是沿著A的造型的個數。所以當注視的時間非常短的時候，我們的視覺首先注意到的是銳角、夾角的地方。這事實上都意味著在同樣的影像裡面，當水平線或垂直線，因爲它的線和視框之間的距離沒有變化，所以我們都會覺得它是安定的、不動的。而在水平線及垂直線相對的是斜線，或者是曲線，而曲線又比斜線更有變化量，

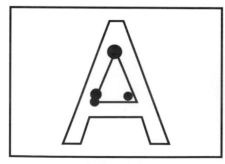
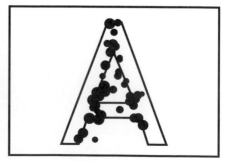

觀看兩秒鐘　　　　　　　　　　　　觀看十五秒鐘

**圖2-10　視覺實驗（一）**

因為斜線變化的數率是一致的，那麼曲線的變化數率是改變的。而銳角及夾角的線條，它們的變化量更大，這都是我們視覺注意的順序，也就是我們視覺最先注意的是銳角、夾角，然後是曲線，再過來是斜線，再過來是垂直線，最後才是水平線。

　　我們看到**圖2-11**這兩張圖形，當我們問觀者，這兩張圖形哪一張圖形有動感，那麼觀者通常都會說右邊圖形有動感，左邊這個圖形沒有動感，那麼這好像是告訴我們說有沒有動感是圖形的問題。

靜態（無動感）　　　　　　　　　動態（有動感）

**圖2-11　視覺實驗（二）**

　　我們再看**圖2-12**這張圖形，兩張都套同樣的框在上面的時候，再來問觀者：「這兩個圖形，哪一個有動感？」觀者卻會說：「左邊有動感，而右邊沒有動感。」看到菱形的輪廓線和四方框的距離不斷地在變化，所以我們會稱為菱形是比較有動感的，所以我們知道動感或不動感不是因為圖形的原因，其實是因為圖形的輪廓線和視框，也就是我們稱為視野的參考座標之間的距離變化，決定它是不是有動感。

　　所以事實上，我們要知道，在平常生活的時候，其實我們大腦的知覺，基本上都不斷地在測量我們身體的軸心和外界的水平線、垂直線之間相對的關係。如果垂直線、水平線和我們的軸心不一致的時候，我們就會覺得動搖，這個是動感和不動感的來源，也就是我們講

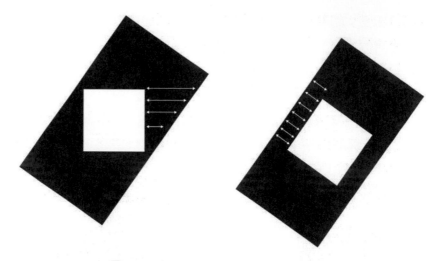

圖2-12　輪廓線和視框之間的差異性

的線性的差異的強度。而我們的視覺就是在偵測這些差異的部分，所以在我們的視覺視野當中，銳角的夾角通常是意味著危險，所以我們可以到卡通人物裡面，像哆啦A夢或者是米老鼠，都是圓弧的線條不斷地反覆出現，這通常意味著是好的角色、善良的角色；或者是我們也可以看到好萊塢的電影，好的女人基本上都是長的、直的頭髮，即便是短的也一定是直的頭髮。而我們看到在卡通人物裡面，大量的尖銳的夾角線條畫出的卡通人物，通常都是壞的角色，都是不善良的角色；而在好萊塢的電影裡面，壞的女人通常都是非常蓬鬆的捲髮，而且是非常短的捲髮，這個都是在視覺語言裡面一個既定的刻板印象，這就是我們講的差異，當差異存在的時候，是我們視覺優先到達的地方，而差異不單單是只有明暗的差異而已，事實上，第二項的差異包括我們剛才講的線性和視框之間的距離變化，是會被我們的視覺主動的偵測出來，所以銳角的夾角，基本上意味著危險。

　　我們再來看蘇俄的學者Yarbus於1967年的研究，以圖2-13這兩張圖來看，第一張少女的臉在注視點的停留上面，主要的注視點是集中在

兩個眼睛和嘴巴的位置，停留的次數比較多，而且時間比較長，但是請你注意到，她另外有注視點的是停留在她的瀏海上面有兩根頭髮在交叉，在交叉的部分，視覺的停留點比較多，事實上這就是我們剛才所提到的銳角的夾角之處。

我們再來看**圖2-14**這個埃及的雕像，可以看到視覺的注視點除了眼睛和鼻子之外，最多的地方其實是在耳朵的線條比較複雜的地方，同樣的再到後面有一個比較銳角的夾角處，這也是注視點停留的次數最多的地方，這都是告訴我們——我們的視覺比較注意、比較會優先處理複雜訊息的地方，或者是銳角的夾角處，而我們剛才提到過，銳角的夾角，基本上意味著它是一個危險的訊號，心理學家、科學家也都研究過，在小的生物的網膜上面，基本上是有偵測斜線存在的一些

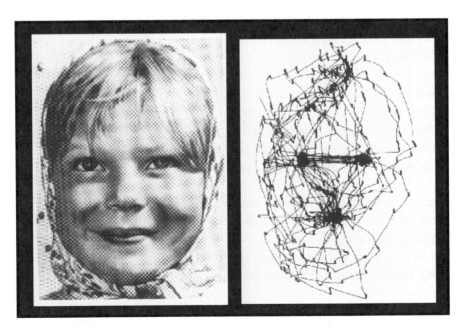

**圖2-13 少女從伏爾加（Yarbus, 1967）——運動的視覺感**

資料來源：http://www.ncbi.nlm.nih.gov/pmc/articles/PMC3563050/

視覺細胞，這都是告訴我們——斜線在生物的知覺裡面是扮演著一個非常重要的、危險訊號的角色（**圖2-14**）。

　　由以上的視覺線條元素論述，事實上，告訴我們一件事情，明暗的反差就是優先於其他的線條的複雜度，當很複雜的線條和背後的背景反差降低的時候，我們視覺就會優先去看明暗反差或者是這個色彩的反差比較大的地方，所以反差比較大的地方，基本上是比較優先被我們視覺來處理的。

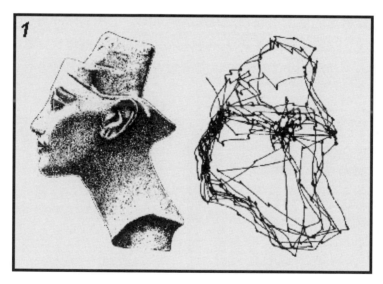

**圖2-14　埃及雕像（Yarbus, 1967）——運動的視覺感**

資料來源：http://www.ncbi.nlm.nih.gov/pmc/articles/PMC3563050/

# 第三章　視覺訊息傳播的論述

- 視覺形態的傳播效果
- 視覺元素構成
- 訊息的分解作用
- 訊息的比對記憶
- 視覺認知的歷程
- 影像傳播媒介

## 第一節 視覺形態的傳播效果

在這「讀圖時代」的今天，我們面臨的是訊息的爆炸，訊息傳播和接收的有效性變得相當重要。文字傳播遠勝過圖片傳播，這種觀點是從哪裡來的？自從人們開始用它們傳播複雜的思想，兩者就為了爭奪「誰是第一」而糾纏不清，而文字在這場爭鬥中明顯處於上風。隨著印刷術的廣泛應用，文字在傳播複雜思想方面顯得比圖片更為重要。圖片一度只能充當裝飾、圖示偶爾出現，然而，電視機和電腦的出現，電子出版物和網路的推廣，這些新技術極大地改變了視覺訊息在傳播活動中的地位。達文西曾說過：「距離感官最近的感覺反應最迅速，這就是視覺，所有感覺的首領。」人體接受的外部訊息大約70%來自眼睛，聽覺、嗅覺、觸覺等其他加起來只占30%。可以說視覺形式的訊息接受是人類最主要的訊息來源。因此就單一形式的傳播途徑來看，視覺訊息傳播的形式可以達到最大的傳播效果。

一般而言，視覺訊息傳播分為「靜態視覺訊息傳播」與「動態視覺訊息傳播」兩大類型的視覺藝術形式。靜態傳播形式所傳播的形象（比如海報、廣告）著眼於對形象的深層發掘，追求造型的凝練，力圖創造出鮮明、突出、具有高度概括性的畫面。因此，儘管靜態視覺傳播形式給人「一目瞭然」的感覺，但是在缺乏足夠的文字解釋的情況下，其高度概括性必然造成單一的畫面所傳達的訊息量不夠，缺乏相關知識背景的受眾很難理解海報或廣告設計者所想要表達的深層含義，從而造成受眾的「誤讀」、「漏讀」。這也是以圖片為代表的靜態視覺傳播形式最大的弱點之一。

赫胥黎（Aldous L. Huxley）在談到「觀看」時提出過這樣一個公式：感覺＋選擇＋理解＝觀看。他說：「你瞭解的越多，看到的就越

多。」他所談到的實際上也就是這個問題。受眾的經驗越豐富，感覺到的就越多；感覺到的越多，選擇的就越多；選擇的越多，理解的就越多；最後記住的也就越多，學到的也就越多。

　　視覺訊息傳播的根本目的就是爲了加深受眾的印象，使其傳播的實質被更多的人記住，這樣才能產生所謂的傳播效果。而往往內蘊深刻的靜態視覺傳播絕大多數都是較爲抽象的、凝練的，需要人們調動思維深入解讀。如果當受眾並不具備這種能力，單純的靜態畫面無法達到目的時，我覺得靜態視覺傳播完全可以適當借助文字的力量來彌補這一弱點。比之於動態的視覺傳播，靜態視覺傳播的一個優勢就在於它的傳播成本相對低廉。這使得它可以鋪天蓋地的傳播。

　　動態視覺傳播的優勢在於：它更爲逼眞地濃縮呈現了顯示場景，它所帶給人們的是生動性、眞實性以及強烈的現場衝擊力。其實，現在的動態視覺傳播往往就是一種多媒體傳播，它綜合了視覺、聽覺等多種感官元素，只不過動態的視覺畫面是其傳達訊息的主要部分，而有了聲音等其他形式的補充，動態視覺傳播所傳達的訊息量也就更大。因此人們從動態視覺傳播形式中獲取訊息比從其他任何一種形式的傳播中獲取訊息，都要來得直觀和省力。舉例來說，用靜態視覺傳播形式來達到可能需要一整本宣傳冊，而且相信很少有人在當時當地能耐著性子把它看完。但是動態視覺傳播的一個很大缺陷就在於其傳播技術要求較高，傳播成本不低。想要用動態視覺傳播形式實現「地毯式轟炸」，是任何一個有理智的傳播者都不會做的。因此相對而言，它傳播的覆蓋範圍就遠比靜態視覺傳播形式還窄。

　　視覺傳播主要是在向學生傳授廣告方面、圖形組織、形式構成方面的基礎知識和理論的架構，培養學生的廣告實踐能力和使用視覺語言的創造能力，使學生在具備了一定的繪畫技能和審美技能的基礎上，能夠進行具體的與視覺傳達相關的各項工作，使該方向的學生能具有較深厚的理論基底。

 ## 第二節　視覺元素構成

　　視覺元素由訊息元素和形式元素構成。訊息元素由圖形、文字、形狀、形體等內容組成；形式元素由點、線、面、色彩、空間等內容組成。一幅平面廣告的大部分訊息來自於視覺元素，視覺溝通只需要少量的視覺元素就能提供大量的訊息。形式元素在畫面上的組織、排列包括方向、位置、空間、重心等要素的安排，目的是透過確定各種視覺元素來構成元素之間的關係和秩序，以此來構建廣告畫面的視覺效果。

### 一、抽象的視覺元素

　　抽象的視覺元素包含一定的訊息，但不能傳達具體的訊息，只能透過一定的形態來暗示某種含義，如利用圖形的引中、類比或象徵。抽象元素在特定的語境中能產生特定的含義。抽象元素的基本形式是點、線、面。而由點、線、面所組成的抽象的幾何形體，在人們的潛意識會激發出很多相關的聯想。任何的點、線、面在實際形態中都必須具有一定的形狀、大小、色彩、位置及方向，從這些元素的變化中可以獲得多樣性的視覺效果。值得注意的是，廣告要以具體形象與抽象元素相結合的方式進行設計，因為觀眾難以接受那些純抽象的廣告作品。

### 二、具象的視覺元素

　　具象的視覺元素是構成廣告畫面的基本素材，它們只有與其他

視覺元素結合，才能構成完整的廣告作品。例如「人物形象」，一般情況下，用什麼類型的人物形象作廣告，需要根據產品與消費者的關係來確定。不同類別的商品應使用與其產品理念接近的人物形象作爲廣告的代言人。代言人與產品的相關性是人物形象選擇的關鍵。如果所選擇的人物形象與產品之間沒有關聯性，那麼廣告的效果會大打折扣。從性別角度來分析，女性人物是洗滌用品、化妝品、食品等廣告的最優人選。以女性形象爲設計元素，除了給畫面帶來美感、吸引力外，更主要的是能直觀地傳達商品的訊息。女性所擁有的美麗細嫩的肌膚、優雅的氣質等彷彿是這類產品功能的體現。當新產品上市還不爲人知時，利用名人代言來增加產品的知名度也是推廣產品的好辦法。這也是當今越來越多的商家用公衆人物作爲產品代言人的原因。那些社會形象好、公衆信任度高的名人和備受喜愛的卡通人物形象，都已成爲重要的廣告視覺元素。

## 三、關係要素

　　視覺元素在畫面上如何組織、排列，是由關係要素來決定的。關係要素包括整體關係、平衡關係、比例關係。格式塔心理學認爲，感知整體關係是一種趨合的心理過程，它可以塡補空缺，產生整體的知覺，使形態完整。如果把反差很大的兩個要素成功地配合在一起，不僅使人感覺鮮明而統一，而且主體更加突出，作品也更加活躍。平衡關係從物理上理解是指重量關係，在平面設計中則指根據圖像的形狀、大小、輕重、色彩和材質的分布在視覺上產生的平衡感。在一個圖形的中央設定一條垂直線，可以將圖形分爲完全相等的左右兩個部分，形成對稱圖。重心是畫面的中心點，也是視覺的重心點，畫面圖像輪廓的變化、圖形的聚散、色彩或明暗的分布都可對視覺中心產生影響。比例關係是指各部分之間，或者部分與整體之間的數量關係。比例是構成

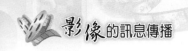

設計中各單位的大小，以及將各單位進行編排組合的重要因素。

 第三節　訊息的分解作用

　　事實上，我們知道大腦是一個資料處理器，那我們在大腦的處理感官取得訊息的時候，基本上是大腦要處理的對象，是一個複合式的訊息，那麼大腦在處理這個複合式訊息的時候，最主要的處理訊息模式就是「比較」，就是把資料和資料來作比較，所以我們來想想看這所謂的複合式訊息意味著——大腦在處理訊息的時候，它必須是同時處理來自五官六感的訊息。而所謂五官六感就是我們講的視覺、聽覺、嗅覺、味覺、觸覺，這是五官，所以它會有五感，那麼再加上一個叫做體感，就是你肚子痛、頭痛這種體感，不是來自於五官，而是來自於我們身體裡面神經的作用而產生的訊息，這也是我們大腦必須要處理的訊息，所以五官六感這樣的訊息，就是一個複合式的訊息。

　　所以嚴格來講，我們大腦本身就是一個多媒體的訊息的處理器，因此，觀眾在看任何一件作品，事實上五官六感都同時在作用。我們在看東西的時候不會聽不見聲音，我們在聽聲音的時候，鼻子不會聞不到味道，所以我們的大腦就是任何觀眾在看你的藝術作品的時候，就是所有全方位的五官六感都在進行資料的搜集，大腦也在進行多媒體資料的處理。所以不管是我們講的現代或當代的訊息傳播也好，在Internet上也好，或者是藝術的潮流發展也好，都朝向多媒體訊息的傳遞，基本上是必然的，因為，觀眾的腦袋就是一個多媒體的處理器，所以大腦在處理資料的時候，因為同時進來非常多，所以必須要專注在某一個侷限的資料，必須要把其他資料的重要性壓低，把某一個資料當做一個重要的對象來處理，這在視覺的理論上稱為注意。也就是當我們的大腦在處理視覺所得到的訊息裡面的某一個局部地方送來的

訊息，這個時候我們就稱這個訊息叫做「圖」的訊息。那麼我們要能夠認知這個圖是什麼東西的前提，就是把其他同時進來的，耳朵聽到的、鼻子聞到的訊息把它壓低，而這個被壓低的訊息就稱為「地」的訊息。而在圖的訊息和地的訊息，要被分離、被集中注意力處理的時候，通常有一個名字叫做「分解」，稱為Separation，或者有人稱其為Sepamentation，這都是指我們在同時進入視覺非常多的訊息中間。在這樣的注視點集中，看得那個地方，就是我們在說當下的圖，而除此之外的訊息，都叫做地，就像我們說一籃水果，當我看到草莓的時候，蘋果和柳丁都是地，可是當我轉眼看到柳丁的時候，圖就變柳丁，而剛才講的草莓和蘋果就變成地了，可是我再轉過頭來看蘋果的時候，這個時候蘋果是圖，草莓跟柳丁就變成地的狀態。

　　所以大腦在處理訊息的時候，基本上它一次只能處理一個局部的訊息，而這個局部的訊息就是我們在後面會講到的注視點，而這個局部的訊息要被清楚處理，它必須要做一個分割，這個分割就是所謂分解的作用。我們看到圖3-1這張照片，蘇俄心理學家雅布斯（Yarbus），在1970年代的研究中所得到的結論，就是當我們眼睛在看這圖左上方的時候，我們所有的視覺機制都在進行從左下方一直延伸到左上方的圖形，也就是最先我們看到的明暗，明暗會做加強明暗的差異，在明暗當中會劃出一條切線來，而這些所有的切線連成一條封閉切線的時候，它就變成輪廓線。

　　那麼這個特徵絕對不是只有一個，而是有好幾個，那麼好幾個的特徵加在一起就是所謂的「特徵環」，所以我們可以看到在影像上面，我們在閱讀的時候，在每一個瞬間上我們都把它分成圖和地來處理，所以圖叫做Figure，地叫做Ground。有人認為圖／Figure這樣的字，或者地／Ground這樣的字，太明顯的有一個重要和不重要的差別，但是我們前面也提到過，圖和地的角色在不同的閱讀階段上面會互相轉換角色，所以也有人認為，不應該成為Figure和Ground，應該稱

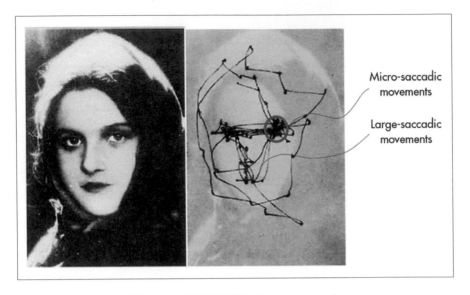

Micro-saccadic movements

Large-saccadic movements

**圖3-1　一個女孩的臉（Yarbus, 1967）**

資料來源：http://www.lookfordiagnosis.com/mesh_info.php?term=saccades&lang=1

為Positive space和Negative space，因為兩者都是Space，所以它的重要性是一樣的，只不過Positive space是指目前這個瞬間大腦正在處理的資料，所以稱其為Positive space，而目前大腦正在處理的資料之外的其他資料則稱為Negative space，因為兩者的Space變得比較清楚，兩者的功能是一樣的。所以，我們從前面的討論可以看到，我們能夠看得懂眼前的事物是什麼事物，原因是因為我們大腦的資料庫裡面已經儲存相關的資料，而我們講這相關的資料，為了節省空間，通常是以特徵的形式存在於我們的大腦裡面。

# 第四節　訊息的比對記憶

　　第一章曾提及構成視覺的五大要素，第一個是照明光線；第二個是事物的狀態，也就是訊息的來源；第三個是讓訊息來源身上反光的光線形成一個影像，而投影到我們網膜上，所需要的針孔和暗箱；第四個是視覺生理機制；第五個是視覺心理機制；我們的大腦長短期記憶庫就是在視覺心理的機制上面，它使得我們在處理眼前所看到東西的時候，能夠很清楚地知道它是什麼？而我們應該採取怎樣的行動來處理目前的狀況，所以在大腦的比較作用有四種：

　　第一種比較作用就是大腦在目前視覺得到的訊息裡面，我們會拿來和大腦既存的資料庫的資料做比對，如果比對成功的話，我們就說眼前這個東西是什麼東西？是一幅油畫還是一幅水彩畫？還是一幅國畫？這就是如果沒有既存的資料做比對的話，我們是無法認知眼前的東西是什麼？眼前正在處理的圖到底是什麼東西？

　　第二種就是大腦會把當下所取得的任何資料拿來和整個空間現場的，視覺視野範圍的空間參考座標來做比對，那麼這個比對就是我們走路的時候不會跌倒、下樓梯的時候不會摔倒的重要原因。而在影像上面，我們會做視覺的空間參考座標軸，就是視框上面周圍的這條線，也就是視框的線。

　　第三種是我們的大腦會把當下取得的訊息拿來和視覺掃描前後進來的訊息作比較，我們知道一個小點往左邊移動，那是一個瞬間它的位置發射的改變，所以我們連在一起會看到它往左邊移動或往右邊移動。這就是我們的大腦會把目前得到的訊息拿來和前面得到的訊息做比對，因此，我們可以觀察到的畫面或觀察到整個事物狀態的變化。

　　第四種就是我們的大腦會把視野裡面看到的所有訊息拿來互相

做比對，也就是視覺的美感真正的來源，就是和視框裡面所涵蓋的一切的訊息拿來做比對。同樣道理，可能有很多的朋友都會覺得非常困擾，不知道這是什麼東西，因為從它的記憶經驗裡面，我們很難解讀出這是什麼樣的字。事實上，我講字的時候，已經給一個提示了，這個就是由白色的字體所寫的GESTALT，就是完型。在白色字母的中間填上黑色的背景，我們會第一眼看得不太清楚的原因是，我們習慣是用黑色的字體來呈現字體，因為我們通常都是用白色的紙，然後上面印有黑色的字體，所以當這字體的角色互換，他用黑色為底，而白色為文字的時候，這時候我們就會覺得困擾，不知道它是什麼東西，可是當你看得懂這個是GESTALT之後，從此以後，你看這張圖片再也不會發生困擾，因為你的腦袋裡面，已經儲存這樣的記憶了（**圖3-2**）。

**圖3-2　GESTALT的讀解**

我們再看**圖3-3**這張圖片，好像大家都會一眼就看到它是一個有兩條腿的裸體女人，而實際上就是我們講的誤讀（錯誤的判讀），當我們再仔細看那女人的兩條腿，其實是懸掛在窗台外面的一雙絲襪，而且這窗台上面還有一個雞尾酒杯，使得這雞尾酒杯看起來好像是圖中那個女人的臀部線條一樣，這都告訴我們，我們的大腦在處理訊息的時候，基本上是先從特徵開始處理的，然後就是要判斷，但是當我們在注意細節的時候，我們就開始會注意到剛才看的是一個錯誤的

**圖3-3 Sandro del prete's──在左邊的窗口**

資料來源：http://im-possible.info/english/articles/the-eye-beguiled/3-ambiguous-figures.html

結論，這就是我們要看得懂圖，必須要先知道我們大腦在閱讀一個圖形的時候，它的基本構造是怎麼樣，這是和視覺的認知系統顯示有關的。

而**圖3-4**之圖形看起來好像是一個不平行的平行線，但實際上它是平行的，覺得它不平行的原因，是因為受到後面的圖形所影響，這個仍然也是我們講的──環境的脈絡會影響到我們對視覺的判斷。

再看**圖3-5**之圖形，中間那兩個圓圈，其實以物理的方法來測量的時候，它是一樣大的，但是在我們的視覺上面，右邊圖形中間那個圓圈看起來比較大一點，而左邊圖形中間的圓圈看起來比較小一點，這告訴我們──我們的視覺是受我要感知這個圖形的時候，這個圖形環境的脈絡會影響到我對這個圖形的判斷，這個就是脈絡的問題。

所以，我們的視覺所得到結論，第一個是大腦記憶庫裡面的寄

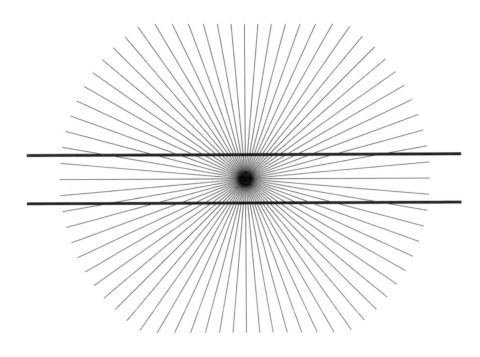

圖3-4　錯視的知覺（一）

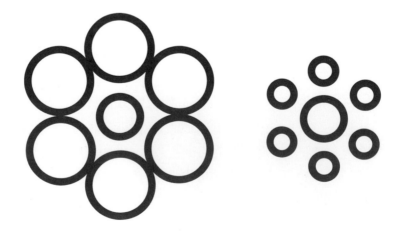

圖3-5　錯視的知覺（二）

存資料，第二個是過去的經驗是非常重要的，這也是記憶庫裡面的重要資料。那麼所謂合理及邏輯都是我們長短期記憶庫裡面的資料。我們長短期記憶庫的寄存資料，對我們的認知來講，是非常重要的，因此，我常常提醒我的學生在學生時代，儘量能夠多閱讀這個世界，繪畫的也好，建築的也好，攝影也好，這些歷史上的名著，這就是我常常講的，你要知道經典，才能夠在你往後的藝術創作上有創意。所以我們已經知道下面幾個條件，事實上對觀者閱讀影像非常具重要性：第一個是明暗，對生物而言，事關生命存活下去的重要訊息；第二個是變化；第三個是移動，時間上的移動；第四個是輪廓線，以及它的造型，還有它的特徵，對我們觀看一張圖片的時候，直接進入到大腦的一個直覺性的判斷時候，這些訊息是非常重要的，而第四個就是我們大腦記憶庫裡面既存的資料。

##  第五節　視覺認知的歷程

從視覺的歷程來瞭解一下，視覺的幾個特徵：第一個視覺不是事實，視覺通常它的結論是推測出來的，是編輯出來的。所以我們認知的並非事實本身，這個前面我們也提到過，我們大腦網膜的視神經在傳輸訊息的時候，事實上就已經變造過了，對於明暗是有加強過的；第二個就是當我們看完一張照片的時候，是必須要比較長的觀看時間，在每一個瞬間，我們只能看到一個注視點的內容，所以要把一張照片能夠看完整，知道它的所有內容的話，事實上不是一個瞬間都可以看得到的，這是我們對看照片的時候最容易犯的一個毛病，我們通常都認為一張照片，當我視覺在觀看的時候，通常一次就可以看到全部的內容，事實上不然，這個在視覺心理學上面，我們都知道這樣的理論。

　　我們來看圖片並瞭解一下視覺的歷程，當你看到的是一個圖形，這個圖形告訴我們，我們的兩個眼睛，左邊和右邊的眼睛，左邊的視野看得到的部分和右邊的視野看得到的部分，中間是稍微有點差距的，這個我們稱為視差。而這兩個訊息呢？右眼會把右邊的部分送到右邊的大腦，左邊的部分送到左邊的大腦，那麼同樣道理，左眼也是一樣，把右邊的部分送到右邊的大腦，左眼的部分送到左邊的大腦，而這樣的一個訊息在腦袋的中間會有一個視交叉，會送到我們後腦的皮質層，這是一個大致上我們可以看得到的一個視覺的訊息傳遞的路徑。所以我們用**圖3-6**來簡單的做一個結論，第一個我們稱為遠測刺激，就是它的狀態是怎麼樣；第二個稱為近測刺激，就是它的狀態到了我的眼底下，在網膜上面它變成什麼樣的一個像；第三個是轉換，就是水晶體形成的光學的影像，在我們網膜上做光線的明暗轉換成化學電氣訊號的強弱一個轉換；第四個是神經處理，就是它在我大腦裡面的是交叉這個地方，視覺神經如何傳到我的大腦裡面去；第五個是知覺；第六個是辨識；第七個是行動；這是我們對視覺的歷程。

　　**圖3-7**這張圖片中，右邊你可以看到是有二個不同的形狀，兩個像變形的梯形，一個像四方形，但是在我們的視網膜上都是同樣的形

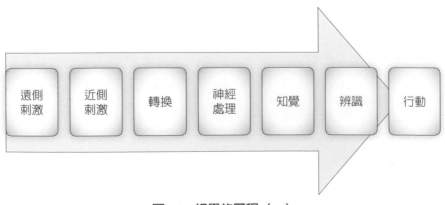

**圖3-6　視覺的歷程（一）**

狀，那麼事實上，我們大腦知道那個形狀是從網膜像知道的，我們的大腦並不知道遠測刺激的狀況是怎麼樣，這就是我們的大腦根據過去的經驗來判斷。

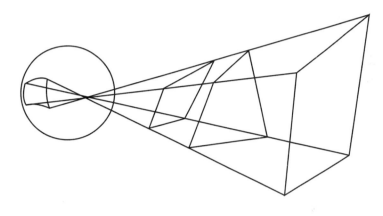

**圖3-7　錯視的知覺──梯形**

**圖3-8**的圖形中，右邊兩個大的斜角三角形，左邊兩個等腰三角形，事實上都投映在我們網膜的時候，是相同一個等腰的三角形。

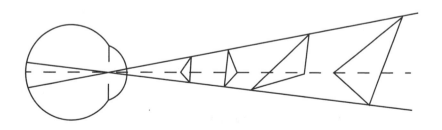

**圖3-8　錯視的知覺──三角形**

剛才講的視覺的歷程，其實是遠側刺激，就是對象本身的事物狀態。而近側刺激就是網膜像的結果，轉換就是視神經的工作，這個神

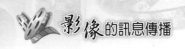

經處理就是神經傳輸系統中間所做的工作，事實上，這中間也對這個訊息的內容做了一些變換，那麼再過來就是知覺，就是能夠知道有事物在前面，在眼前存在的一個感知，而辨識就是經過長短期記憶庫介入之後，我們才知道前面那個東西是活得還是死的，或者是有用的還是沒有用的，是危害的還是不危害的。而行動就是包括起身要轉動，或者是眼球的運動，這就是整個視覺歷程（**圖3-9**）。

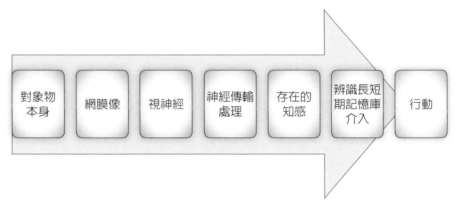

**圖3-9　視覺的歷程（二）**

這樣的視覺過程，基本上只是知道有一個臉孔在我們前面，而辨識是指知道這個臉孔是誰，所以視覺的歷程，剛才看到這樣的畫面，事實上它是一個圓形的，持續變化的，它是一個不斷地在變化的過程，所以它不會有真正的起點和終點，所以也可能在中間會跳過某幾個步驟而直接到達最後的步驟（**圖3-10**）。

我們眼球轉動的方向，是受我們大腦的長短期記憶庫的內容所左右，那麼也和我們現在的需求或者是被人家提示的影響而得到的結果，所以基本上我們簡單的來講，視覺的結構以及認知歷程，第一個就是偵測明暗差異；第二個就是加強明暗差異；第三個就是描繪輪廓

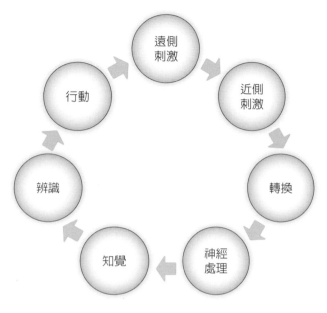

**圖3-10　視覺的歷程（三）**

線；第四個就是比對輪廓線形成的造型特徵；第五個就是下達結論。

　　但從另外一個角度來講，視覺的結構又可以這樣看，第一個是刺激的接收；第二個是明暗的知覺；第三個是造型的大小的知覺，就是知道是遠或近；第四個是立體空間的知覺；第五個是運動的知覺；第六個是色彩的知覺。事實上，我們看到視覺的歷程，我們都知道明暗、造型、輪廓線及其造型特徵均非常重要。所以視覺啓動的時候，基本資料的處理就是找出明暗反差的地方，所以爲了要偵測到眼前的東西是什麼，所以我們通常是先找到明暗差異的地方，然後再把它畫出線條，然後再比對它是什麼，最後再把資料輸到我們眼睛裡面來，那麼在這個不斷地互動的過程當中，眼球的轉動，它扮演一個非常重要的角色。

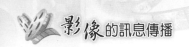

## 第六節　影像傳播媒介

　　在20世紀後半期各種傳媒之間彼此競爭的歷史演進中，電視可謂領盡了風騷。電視藝術憑藉著承載媒介的技術優勢，也在20世紀各門類藝術的消長變化中迅速地擴展了自己的影響力：先是把古老的戲劇藝術從城市擠兌到鄉村，然後使文學失去轟動效應而走向邊緣化，它甚至還威脅到同為動態影像藝術的電影的生存空間，將電影院弄得門庭冷落車馬稀，器樂、歌舞與流行歌曲以及其他傳統表演藝術，都不得不改變著自己的容貌。同時，它又兼容並蓄地收攬和利用這些傳統藝術的審美資源。一時之間，大有併吞六合、囊括四海的氣勢。

　　直到80年代中期，人們還樂觀地認為：世界目前仍然處於這個不同凡響的、威力強大的傳播媒介的史前期。電視，前程尚未可限量，然而，世事如棋局局新，當歷史走近新舊世紀的交接點時，電視已經無法忽視來自兩個方向的嚴峻挑戰：一方面，當此世紀回顧之際，各藝術門類紛紛檢索自己那些公認的經典名作——擁有如此經典，乃是一門藝術成熟的標誌。相形之下，電視藝術難免羞澀——儘管可以用年輕來作為托詞，卻仍然無法掩飾自己在精神深度和美學精度上難以與文學、電影等藝術比肩的愧意。電視作為典型的後現代主義文化所具有的那種平面、淺俗的特點，那種追求受眾「最大公約數」而忽視作品深度的本性，使得受到了精神文化界人士的強烈批評。如何突破平庸趨同的藩籬，走向深刻、精雅和個性化，是日益走向成熟的觀眾向今天的電視藝術提出的考問。

　　另一方面，瞻望前路，現存電視生產與傳播模式在技術層面上所具有的優越性，也面臨著90年代以來迅速發展的多媒體電腦互動網路等新媒體的嚴峻挑戰，現存電視生產與傳播模式所擁有的那種占據

公眾訊息傳播要路及注意力焦點的地位，將可能在新世紀的傳播格局
中風光不再。顯然，面對新世紀的文化生態格局，要順應新的媒體環
境，求取自身發展的更大空間，電視藝術就無法回避上述兩個問題。
而在我看來，這兩個問題似乎如同一組聯立方程式——在這樣的聯立
方程式中，前一個問題的解答，可能蘊含在後一個問題的求解過程
中。

　　迄今為止，人類傳播方式經歷了三次大的革命性變化：第一次
是由口語傳播向文字傳播的飛躍，第二次是文字傳播向電子傳播的飛
躍，第三次是現在正在進行中的電子傳播向網路傳播的飛躍。電視是
文字時代與網路時代之間威力最為強大的一種電子傳媒。自1936年12
月英國BBC廣播公司在倫敦的亞歷大宮開始人類第一次TV廣播以來，
它淋漓盡致並出類拔萃地展現了自己作為一種新興大眾傳媒的品格：
在生產製作階段，以集團化組織方式進行的量化生產；在傳播過程
中，以「點對面」方式進行單向度的傳輸；在受眾形態上，受眾數量
巨大、處於匿名狀態、進出自由、有「傳」無類……這樣一些大眾傳
播受眾群落的一般特徵，都在電視文化的傳播過程中得到了顯著的表
現。在某種意義上可以說，現存電視文化形態是傳統大眾傳播發展的
最高階段，將大眾傳播的典型特徵發揮到了極致，並因此成了迄今為
止在公眾生活中影響最大的媒介種類。正如日本電視社會學家藤竹曉
所說的那樣：「如果忽視電視在社會中所起的作用，就無法談論20世
紀的社會變化……可以說，世界正處於通過電視的時代。」因此，電
視生產傳播模式在傳統的大眾文化傳播方式相比，網路傳播的特點與
優勢表現如下：

## 一、訊息形態的超文本化

　　網路傳播以超文本的形式成網狀的複雜結構存在，有效地消除

了傳統大眾傳播方式中，書籍報刊於傳送文字而拙於傳送影像，廣播電視等電子傳媒於傳送影像而拙於傳送文字的局限，擴大了傳播的效能。它將文字、聲音、圖像和影像動態地鏈接起來，構成了一套人類文化史上前所未有的「超級文本語言」。當這種符號形態的文件傳輸到網路上供受眾自由取用之後，各種文化符號在敘事、狀物、表意、傳神上的優長之處便可綜合為用，從而為人類訊息傳播提供了一種形式嶄新而極為豐富有效的符號代碼系統。只要條件允許，網路既可以傳輸文字，也可以傳輸聲音、圖像和影像，因此，它既包容電視的傳播功能，而又超越了電視的傳播功能。從這一點上說，網路對於電視在傳播方式上具有強大的優勢，從而構成了巨大的挑戰。

## 二、訊息傳播的互動性

傳統大眾傳播以「點對面」為特徵，它所提供也只能是根據閱讀者興趣與意願的「最大公約數」而製作，閱讀者只能在有限的版面與頻道中搜尋和選擇自己所需的資訊。同時，傳統大眾傳播是一種單向度的傳播方式。廣大閱讀者很難有途徑將自己的意見及時反饋給傳播媒體，即使有少量訊息反饋到媒體，一般情況下，媒體也不可能因此迅速地改變傳播方式和內容。而網路的傳播者與傳播對象是不確定的，所有的上網媒體和其他上網者都可以匯集和傳輸訊息，由「網民」們自由點播。這種由訊息提供者、訊息服務者、訊息接收者共同作用出的訊息推出和拉近，構成了訊息傳播互動的無限循環運動。而這種循環運動又為廣大閱讀者提供了極其廣闊的訊息空間。網路傳播的另一重要特徵是，接收者的反饋可以極其機敏和充分，訊息提供者和訊息接收者之間的關係，便不再存在「施者」和「受眾」之間的文化等差關係了，一種平等、平衡、平和以及訊息互換共享的人際關係與傳播秩序亦隨之而確立。

### 三、傳播內容的無限性

　　傳統大眾傳播媒介的訊息內容受自身條件約束。傳媒單位受媒介結構的限制和提供的訊息數量不可能是無限。再次，報紙的版面、廣播的頻率、電視的頻道資源是有限的，在有限的頻道資源，最大量的一天二十四小時不間斷播出，不可能再有擴充的餘地。網路傳播媒體則不同，它的訊息資源十分浩瀚，豐富的訊息資源給上網者以更多的選擇機會，眾多的訊息資源，使上網者感到新奇，感到眼花繚亂。他們可以在網上盡情地享受著訊息、交友、購物和娛樂。

### 四、訊息傳播和接收的隨機性與個人化

　　曾被譽為「朝陽產業」的電視在發送訊息時，是綜合其節目內容的重要程度、不同階層、年齡等人們的工作、生活和休閒需求以及考慮廣告效應等諸方面的因素來編排節目播出的。如兒童節目一般安排在18:00左右，頭條新聞節目安排在18:30至20:00左右，而後就是電視劇、綜藝節目、專題節目等等。每個電視頻道作這樣編排時都考慮了觀眾的收視習慣。然而帶來的負面影響是各頻道節目性質的趨同性，使觀眾收看了甲頻道卻無法收看乙頻道。網路傳播則打破了這種時間性收看節目的遺憾，訊息提供者將自己的訊息輸入網路後，可以在相當長的一段時間予以保存，保證了每個訊息接收者可以根據自身的時間安排隨機地接受訊息，作為一種新的傳播方式，網路傳播有著傳統的人際傳播與大眾傳播的「二重性格組合」：一方面，它仍然可以進行「點對面」的大批量的訊息傳播，又一方面，它也為借助於電腦進行的「點對點」式的新型人際傳播提供了可能性。在這樣的角度上看，網路既是大眾傳播，也是人際傳播。如果借用黑格爾的關於歷

史發展三階段的理論話語，將自古以來就有的人際傳播方式看作「正題」，將大眾傳播方式看作「反題」，網路傳播則是「合題」，是否定之否定。如果站在人類傳播方式發展演變的宏觀歷史高度來觀察，我們甚至可以斷言：網路傳播的興起，標榜著包括現存電視製作與傳播方式在內的傳統大眾傳播的「黃金時代」的終結。

# 第四章　影像視覺的形成

- 影像美感來源
- 視覺形成要素
- 視覺形成階段
- 視覺形成語意
- 影像擺拍與抓拍

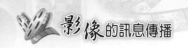 

 # 第一節 影像美感來源

　　攝影其實只是產生一張影像，而從整個社會的行銷產業來講，一張影像還只是個開頭而已，我們可以知道，大部分像報紙、雜誌、廣告印刷品和書籍，這些都是從一張影像開始複製成幾十萬的複製品。其實電視也是一樣的，攝影機在新聞現場所拍到的一份帶子，它在電視台直接播出去後，它在幾十萬的家庭裡面電視螢幕，它被複製成結果。一個影像它的價值高低，它對人類社會有用的程度高低，光學品質只是其中一種而已，很重要的是它外形的美感，是不是能夠讓看的人賞心悅目，或是能夠讓看的人有所體會，或是其文化性的價值，及其對後代子孫的影響。是不是意味著我們在前面的時代裡面，有什麼樣的重要的事情發生，或是讓我們看的人能夠產生更深刻的思考，對我們自己生命的價值，對社會的現況，有更深刻的思考。這樣的一個文化價值，它絕對不是來自於很好的相機，或是幾十萬的鏡頭，或是幾百萬的燈光設備，或是幾千萬的攝影棚設備，絕對不是來自於這些因素。

　　事實上，我們可以知道，一個好看、耐看、耐人尋味，或叫人感動，或者是有收藏價值的影像，它不是從影像的生殖系統這些材料、器材或者是它的技術帶來的，反而是影像它所攝取的對象物，它本身的外在形體的美感上面來的，也就是說，一張好的照片是在鏡頭前面，你如何去拍攝的景象，能夠安置得妥當，安置到一個有美感的程度，再用影像把它複製下來。所以並不是再怎麼糟糕的影像，再怎麼糟糕的現場，你都可以安置到一個非常漂亮的結果，所以同樣地，一個發人深省的，或是一個看得能令人感動的照片，它的原因是在於那個被攝對象物，它的外觀所表現的符號意義是它所散發出來的。所以

這就是我們講的，影像的外在形體是來自於被攝景物的外在形體，這就是我們稱為事物的狀態，當你在事物的外在控制得宜，很自然地影像的內容就能夠變得更深刻，更有美感。同樣地，觀者在影像裡面所觀看的這些影像符號性意義，它的源頭還是來自於鏡頭所面對的事物狀態所呈現的內容。

　　而實際上，真正的重點在於攝影家拍到了什麼？怎麼拍或拍了什麼？或者是拍的過程當中，它的前景、它的背景安排了什麼，這才是影像美感真正的來源，或者才是影像的文化性價值。所以一個非常重要的重點就是在於作者或是攝影家看到了什麼？他的腦袋有一個視覺能夠形成出來，才有可能拍到什麼。所以，我們可以知道，先有作者的視覺，或者先有作者的想像內容，才有一件好的作品，這就是攝影的美學內容及攝影作品的精神內涵。其實都是來自於作者的大腦內容，而作者的大腦內容就是先用視覺看見什麼，或者先用想像創造出了什麼畫面，最後照相機忠實地記錄他所看見的，或者照相機忠實地記錄從無到有所創造出來的畫面，所以先有畫面的內容，再有視覺。而一件好的作品，它有精神內涵，有視覺美感內容畫面的真正的來源，我們可以知道作者視覺的形成，作者的視覺和別人的視覺不一樣，這個才是作者會有這張好照片的真正徹底根本性的原因。因此，視覺決定性的影響到作品的精神內涵和它的外觀美感。

##  第二節　視覺形成要素

　　視覺的形成來自於下面這幾個要素：第一個就是我們的眼睛，這就叫做視覺的生理器官，而我們視覺的生理器官，要能夠對現場的景物有所感受，原因是，因為有一個光線射到現場的景物，現場景物的外表，所有視覺內容都被光線帶到眼睛裡面；第二個是有照明的

光源；第三個是有被攝體的事物的狀態；第四個非常重要的是我們的大腦視覺的處理系統，而大腦視覺的處理系統，就是我們稱為視覺心理的內容，而視覺心理內容關乎到我們現在看到的這一瞬間為止。同樣地，當你的大腦裡面所裝的知識內容、過去的經驗、你的喜好、興趣，是這樣的狀況底下，你的環境裡面，你只會對某一個特定的事物拍照；而另一種內容的人，他也只會對其他的特定的事物拍照，所以，我們大腦裡面的記憶庫，長期記憶庫、短期記憶庫的內容，就決定了我們在同樣的現場裡面看到了什麼東西，所以，我們可以說視覺的形成四個要件，第一個是你的視覺生理條件，眼睛以及其他的視覺景象等等的這些結構；第二個是照明的光線，懂得用照明光線的人，它自然就會產生更好的視覺美感內容；第三個是事物的狀態，事物的狀態對於抓拍的人來講是街上的景物，對擺拍的人來講，是創造出來的攝影現場；第四個就是我們剛剛講的，我們大腦的寄存資料，長期的記憶庫、短期的記憶庫的內容。

　　所以從這邊可以瞭解，我們要有一個好的創造力，事實上是當務之急，最重要的是如何儘量迅速地累積大腦資料庫，假設大腦資料庫只有50的狀態，所能夠創造出來的內容和你的大腦資料庫有200萬的狀態，所能夠創造的內容當然是不一樣的。

　　所以大量的閱讀經驗、大量體會人生的經驗，都和你最後創造的內容是有關的，這就是我們講的，一件偉大作品的條件是來自於作者的大腦狀態。所以我們應該說，一件好的作品你應該問，你是怎麼想的，而不是你是用什麼照相機拍的，這就是我們常常在課堂上提醒學生的，你可以對一個攝影家所做的最大汙辱，就是你面對它的鏡頭，用非常虔誠的眼光，問他說，「我很喜歡你的作品，請問你的作品是用什麼照相機拍的」，這意味著，你不是用你的腦袋拍，而是用你的照相機拍。所以很自然地用十萬元的萊卡鏡頭，當然可以拍得比兩千元的塑膠鏡頭來得好，事實上這樣傳統的觀念是錯的，也就是說，一

件好的作品真正的關鍵因素是作者大腦的內容物，有別於他人。

　　我們可以說，一個大腦的訊息處理系統，來自於如何對應眼前的視覺刺激，更來自於如何從長短其記憶庫裡，適當地截取適當的資料，能夠做這樣適當的反應。所以視覺結論在任何一個攝影現場，準備要怎麼來記錄攝影現場，事實上這個視覺結論都是來自於我們的大腦，到目前為止所累積的內容。

　　因此，我們可以知道一個完整的攝影製成，把它簡單地分成四階段的話，第一個重要的階段就是作者的視覺，或者作者的想像力，或作者的感動；第二個階段才是用照相機將想像力及感動或者視覺的反應能夠記錄下來；第三個階段是營造一個理想的環境，透過一個適當的訊息傳播管道，將作品呈現出來；第四個階段就是觀者從這些作品裡面得到怎樣的知覺反應。

##  第三節　視覺形成階段

　　因此，作者的視覺和感動是第一個階段，是必須要有的，這才是決定影像內容好壞的一個標準，所以有了這樣的一個想法以及這樣的感動之後，作者再用攝影器材，將畫面製作出一張一張的照片，這叫做整體的碎片，而整體就是他的想法。例如：他對3.18太陽花學運的現場事件，有所感觸或者是他腦袋所想像的抽象概念，都叫做整體。而我們的照相機，一張一張拍下來的影像就叫部分，叫做碎片，所以對一個完整的攝影過程，除了作者要先有想法或是感動，然後再用照相機或者是攝影器材，來把這些感動或他的想法能夠用一張一張的影像的碎片，將它呈現出來。

　　第二個階段，作者要營造一個美好的環境，這個理想的環境可能在展覽的會場，也可能是在網站上面，也可能是在一本書上面，這些

都是一個資訊的環境，這些環境裡面，作者必須把在第一階段所得到的種種的碎片，重新整理，得到一個理想的脈絡之後，才能夠將作品完整地呈現出來。

第三個階段，觀者，觀看的人在特定的時間，或不特定的空間之下，能夠看到作者再現出來的整體，那麼作者整個影像傳播的流程才算是完整的。

而我們傳統的觀念呢？我常常講的，農業時代的傳統觀念，攝影只不過是照相機，有一個人拿著照相機，把前面看到的景物拍出來而已，而這樣的行為只是一個現場的視覺，或是光學現象的一個複製而已。是在我們三個階段裡面的第二個階段而已，就是作者要把整體分解成的部分，這個部分的過程，這個得到的過程，就是大家認為攝影的全部。所以，一個好的攝影作品常在照相機拿出來的時候就決定了，也就是說，作者在觀念上有好的一個構想，是在攝影現場，有一個好的感動，而決定把這樣的一個整體，如何把它拆解成部分，這個階段事實上是照相機還沒有按快門，是在腦袋裡面的，這是創作真正的源頭，是照相機在要按快門之前都已經被決定的。一個優秀的影像傳播者，他必須要在攝影現場或者對他腦袋的那個抽象概念，都能夠有一個很好的、把整體分解成部分的一個能力，這個才是我們常講的一個好作品的真正的來源，所以作者的視覺及感動和創造力，才是真正的關鍵要素。

視覺形成就是一個整體，這個整體不僅是從客戶的要求，還是自己的原創性想像，或者是因為在現場得到的某種感動，這整體第一步驟，就是作者的視覺形成。

而第二個步驟就是利用各式各樣攝影的器材，從攝影的光源開始，一直到最後的電腦處理，這個部分就是我們講的把整體解構成碎片，解構成部分的一個過程，也是光學影像的取得，或者是把光學影像轉換成電子影像或是化學影像的過程，或者是把影像加以管理儲存

這樣的過程，這是第二個步驟。

　　第三個步驟，攝影者或創作者把這些片段的部分，妥善地在一個適當的空間裡面，把這些部分重新整理，重新編排出一個脈絡出來，做一個再現的過程，這個再現的過程，就是把原來得到的所有的部分的碎片加上其他的素材，混合成一個新的整體，而我們在前面也強調過，這個新的整體永遠不可能和原來的整體是一模一樣的，只是接近於原來的整體，只是呈現出作者的素質、作者的想像力、作者的能力，是一個新的整體，永遠不可能等於原來的整體，這個是第三個步驟。

　　第四個步驟就是，觀者在這個資訊空間裡面，所看到這新的整體，觀者能夠得到怎樣的感受或觀者能得到怎麼樣的解釋，還是我們仍然重複前面講的，因為我們每一個人的大腦裡面所儲存的長期記憶庫和短期記憶庫資料，是完全不可能有兩個人是相同的，對同樣的一個視覺對象物，不管是一個展覽也好，一個網頁的內容也好，一本書也好。每一個不同的觀者，在重新看這些新的整體的時候，得到的印象及感受，是截然不同的，這個也就是我們前面講的作者的概念。即便是同一個人，同一個我，今天我到某某美術館去看畢卡索的作品，因為我現在的狀況，我所感受到的內容，和我在另外一種狀況底下，我所感受到的那種相同展覽，我的感受內容都可能是不一樣的。

　　所以整個影像的傳播過程當中，主要的四個步驟，就是所謂傳統的傳播影像的製程。而作者動機的產生，也就是整體的獲得，是一個非常重要的階段。因此，一張好的作品或一件好的作品差異是在以前的傳統觀念裡面，一張照片它已經成為一個完整的作品，可是在現代的觀點裡面，一件作品是由非常多的小張或大張等不同張照片混合在一起，製造一個完整的或者更接近於理想的脈絡性訊息，才能夠成為一件作品。

第四節　視覺形成語意

　　在視覺形成的語意上，可分為視覺語言上的訓練、視覺語法上的
訓練和視覺修辭上的訓練。這是非常重要的，這也就是我們常常講的
「不知經典何以引經典」。我們都知道在小學、國中的時候，我們在
做文字的訓練，非常重要的就是知道歷史上的經典，這樣我們才能夠
在寫文章的時候引用成語，用比較少的文字來寓意更廣泛、更深刻的
概念，那麼事實上，在圖像上面也有這樣的意思存在，我們在經典的
作品上不斷地觀看，不斷地反覆思考以及不斷地演練，我們用模擬的
方法，去臨摹這些大師的作品，都能夠改善美感的判斷能力，改善我
們的想像力、改善我們的創造力，所以對經典作品的瞭解是非常重要
的，這也是我常常要求同學們在一年之中應該至少要看過兩百部的電
影資料庫裡面的電影，這些經典的電影對影像傳播的工作來講都是非
常重要的。

 第五節　影像擺拍與抓拍

　　在1990年代以後，影像通常被分為兩種，第一種叫做「擺拍」，
擺拍的意思是說，攝影者自己創造了事物的狀態，這很像在電影的攝
製，我們都知道電影的內容完全是從無到有，是創造出來的，而不是
從街上的景物剽竊，然後經過編輯的影像變成電影，所以這種稱為擺
拍，也就是攝影的人設計了一個畫面，然後把它實現出來，最後再用
照相機鏡頭把它拍下來。

　　第二種叫做「抓拍」，抓拍係指攝影的人、創造的人到街上所找

到的畫面，再把這個畫面拍下來，即稱爲抓拍。抓拍的意思通常是指作者對現場的狀態是無所介入，聽起來好像是比較客觀的，凡事和人有關的事物，事實上沒有客觀這兩個字的，都是主觀，只是主觀強一點，或是主觀弱一點的差異而已。所以我們可以知道，從擺拍來講，擺拍的定義是──作者的腦袋先有什麼想法，之後再將想法所呈現的畫面，用照相機拍起來，所以這樣的一個攝影方法是作者先想到什麼，他的視覺、知覺系統裡面想到什麼畫面，把它實現出來。而抓拍則是──作者看見什麼，這個不是我要的，那個畫面也不是我要的，這樣的畫面才是我要的，所以這樣一個攝影結果仍然是作者的視覺先看見了什麼。

# 第五章　影像藝術的本質

- 影像藝術定義
- 影像藝術的思想內涵
- 影像美學基礎
- 影像的審美意識

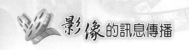

 # 第一節　影像藝術定義

　　影像藝術是以照相機和攝影機為工具，運用畫面構圖、光線、影調（或色調）等手段來表現主題並求得其藝術形象。拍攝者使用照相機和攝影機反映社會生活和自然現象，表達思想感情。根據藝術創作構思，運用攝影技巧，創作有藝術感染力的影像。就概念而言，「影像的藝術」可通俗理解為攝影的藝術，廣義上包括一切與攝影有關的藝術活動；狹義上特指可以作為一個藝術品存在的那一部分攝影。在新的存在論之下，藝術（包括攝影）自發地放棄神情兼備旨在描述對象的外在確定性的功利，而在境遇中表現出存在的無限多的可能。赫拉克利特說過的「太陽每天都是新的」，對於理性邏輯而言的不真實，對於藝術家而言，卻成了真實的存在。典型的傳統存在論邏輯式的定義，是從「攝影是過程」這種經過層層的分離原則，首先是「過程」和「結果」的二分，攝影占有過程，然後是「平面」和「立體」的二分，攝影占有平面，接著是「真實景物」和「虛擬之物」，攝影占有真實之物，往後是「光學原理」和「感官印象」，攝影又占有光學原理。

　　在這樣不斷地對種類進行分離的過程後，就得出了關於攝影的定義。在這關於攝影定義的問題之處，在於二分中，「過程」之種類並不是事物最高的種類，也不是一個能依憑自身存在的種類。在傳統存在論的邏輯劃分中，最高的是「存在／是」，這是柏拉圖在繼承愛利亞派的「在／是」本體後所創立的論理，把「存在／是」作為種類時，最大的弊端就是把「在／是」確立為自明之物而被我們所領會。

　　亞里士多德在批判柏拉圖的論理時，很恰當地指出：「在／是」不能作為種類的關係，如果「在／是」是種類的關係的話，那麼事物

之間就不會存在差異，也就是事物之間永遠都同一的。在意義上，藝術和科學邏輯等獲得了各自獨立作用。而「美」被視爲存在性境遇的呈現，無關所謂「美是什麼」的定義。在這一點上，攝影中「是照片在拍我」的含義正是在於此，而後現代主義者鮑德里亞爾的「是對象在引誘我拍攝」在新存在論意義上是相通。如果攝影再相對於電影電視，那麼這個分離過程就還得繼續再分離出動態和靜態。倘若依憑技術的發展，於將來又出現某種新的式樣的影像模式，那麼這個分離過程還得堅持下去，似乎是沒有盡頭。比如數位影像的出現就對攝影的定義提出了新的問題，是把經過虛擬化眞實之物的數位影像納入攝影呢？還是繼續堅持把它分離出去？

　　對於影像重構的基礎依然應該在於存在的基礎上，只不過是以新存在論的存在者層次上的存在結構出發，來對攝影的「在／是」，利用展示的手段，而不是演繹的方法進行闡釋。而對於攝影而言，首先可切入的研究領域即是紀實與藝術這個爭論不休的話題，「紀實與藝術的存在觀」這當是一個值得思考的話題，對於過去關於紀實與藝術的爭論觀點，都是在二元論上進行的對立展開，而新的觀點中，或是把紀實的外延擴大使藝術被納入紀實中，或是反之，以結束二元的對立狀態，但結果仍是在傳統的存在論中打轉。若是從新存在觀中來對其進行清理時，紀實和藝術被認爲不是斷然對立的存在。透過這樣來解構傳統攝影觀，目的是在於清理出附著在攝影本身上的汙泥，打掃乾淨後，以還原出攝影的本來面貌。於是從新存在論出發來探求攝影的問題之處將是反映我們眼簾的新視野。

　　在引導語言轉向的三個因素方面，新存在論是從根本上動搖了中心，而符號論、語言論及後現代等等無不是在新存在論的展開其對傳統存在觀的批判和顚覆，傳統存在觀的視域只是被限定在某個由新存在論得到前提的範圍內的演繹，也就是在時間的維度上被限定於當前化。時間上的當前化是巴門尼德一直到黑格爾的傳統存在論的表現形

態，因為在傳統存在論中，時間也只是作為存在物的一個屬性。

##  第二節　影像藝術的思想內涵

　　藝術創作作品，是能體現對真、善、美的追求，在藝術道路上的大膽探索，在藝術表現上的原創和創新。「藝術的本質就是在於探索未知」，隨著新媒體、新技術革命和經濟全球化的迅猛發展，有更大的發揮空間，也就意味著所有作品不受題材的限制，可以盡情地表現，可以天馬行空地對作品進行再創作。我想重點是，題材已經不重要了，重要的是作品表現出的思想內涵。好的藝術作品應該有視覺衝擊力、表現到位，攝影風格、題材要新穎，要有攝影師的個人風格和個性表達。優秀的藝術攝影一定是內容和形式都十分出色的影像。形式是為內容服務的，那些讓人有想像空間的作品，有思想性的作品才是好的作品，這些作品能夠讓人看到拍攝者要說明什麼。

　　在影像的發展已經普及到整個社會每一個階層和每一個角落的今天，影像的多元化已經達到難以分門別類的地步。再加上數位技術的發展，攝影的操作也可以有更多的發揮。有人說，藝術所反映的是一個社會、一種文化、一個時代。當今的藝術不一定能夠留存長遠。而作為「視覺的語言」，影像的表達也有它的文化含量，在不同的文化背景下，影像作品的意義和價值也應該有所不同。既然是影像，就要和光與影有關係，我不提倡把色彩搞得很誇張，色彩還是要儘量真實地還原，不要太借助科技的手段。不要離開了攝影最基本的東西。總之，離現實更近一點，我相信，好的作品一定是從內容到形式都很優秀的作品。

　　因此，各種藝術類除了要受到共同的藝術規律的影響和約束外，還有各自的特點和內部規律。這是由於各類藝術塑造形象的素材和手

段不同，構成形象特點也不同。所以欣賞各類藝術的規律也就不同。由於影像藝術區別於其他藝術有其不同的藝術特徵，從而決定了影像藝術的規律，影像藝術欣賞的要素為：基本造型因素、技術技巧、藝術表現方法與主題思想等四個方面。文學用語言塑造形象，音樂用聲響表現形象，而影像藝術則透過色彩、影調等來塑造形象。因此，欣賞影像藝術，首先要從構圖、用光、影調、色彩等基本造型因素入手，因為這些因素能被欣賞者直接感知，具有直觀性的特點，它們是構成畫面形象的基礎，也是欣賞的基礎，同時是欣賞者進一步感受和認識影像作品的藝術性和思想性的前提。

其次，影像藝術是科學與藝術的結合，每一個影像的產生都離不開一定的技術技巧的運用。而攝影技術是透過不同畫面效果呈現出來的，它不能被欣賞者直接感知，需要具備一定的影像知識才能感知，所以就這一點來看，它具有間接性的特點。比如拍攝跨欄運動採用平行追隨的拍攝技巧，是畫面出現主體清晰背景模糊，動感強烈的畫面效果。如果你具備一定的攝影知識，一看便知照片是運用了追隨法，接著會對此法是否用得好與壞進行推敲，進而想到此法是否有利於主體思想的突出等等，從而向更深層次去感受和認識。反之，如果你並不具備影像知識，看到影像時，只會僅僅感知到它虛實之間的動感效果，甚至可能誤認為是一張拍壞了的照片呢！因此，具備一定的影像知識是影像藝術欣賞的重要條件，同時，攝影技術也是欣賞藝術照片的一個重要因素，它包括最佳瞬間、氣氛、神態的抓取，以及角度、質感、線條、動感的表現等等。

藝術表現方法也是欣賞藝術影像的一個重要因素，它包括創作方法和藝術手段兩個方面，兩者是不可分割的。創作方法是攝影家創作時所遵循的反映現實生活塑造形象的基本原則和方法，它由作者的藝術觀所決定。藝術觀是指作者受一定的世界觀的影響，對藝術美的總和看法，即從事創作的指導思想，它與個人所接受的藝術傳統及個

人的藝術修養有關。不同的藝術觀就有不同的創作方法，因而就有不同風格的影像，如畫意攝影、寫實攝影等。藝術手法是攝影家在一定的藝術觀指導下，在創作中根據主題的需要而運用的各種不同的表現手法，如誇張與對比、簡潔與含蓄、寓意與象徵等，影像的藝術手法往往需要具體的攝影技巧又不等於藝術手法。攝影的藝術手法在欣賞中也具有間接性的特點，它往往借助於欣賞者的想像和聯想等心理活動，來達到藝術感染的目的。因此，任何影像藝術作品都是內容與形式的統一，主題思想是影像作品內容的集中呈現，所以它是欣賞藝術影像的重要因素之一。

再者，影像藝術的內容，指的是藝術影像中畫面形象所反映的社會生活和自然景象，以及它所呈現的思想感情，它貫穿於從構思到完成作品的全過程，包括對生活的觀察和題材的選擇，情節的抓取和細節的刻劃，主題的確立和意境的深化，時代精神和民族風格的追求，以及刻意創新等方面。一般來說，社會生活爲題材的影像作品，其主題思想較明顯；自然景觀爲題材的影像作品，則主題思想不明顯。但是，藝術手法本身有鮮明和含蓄之分，一些風景、靜物及形式感較強的作品，寄託了作者的思想感情，也是作者藝術觀的呈現，它所具有的意境是靠欣賞者審美經驗和審美感情來體驗的。影像藝術是一門較爲年輕的藝術，它是緊緊伴隨著每個時代高新科技發展而發展。影像藝術是一種對現實高度概括；是來源於生活而高於生活的影像工作方式；是一種高雅文化。影像藝術就是作者的一種表達，正如說話是一種表達、寫作是一種表達一樣。影像的表達方式多樣化，可以「風景」、「靜物」、「人像」，也可以「紀實」、「民俗」、「觀念」，表達方式沒有高下之分。

# 第三節　影像美學基礎

　　影像美學是按照美的規律從事藝術創作，以及創作主體、客體、本體、受體之間的關係和交互作用爲基楚，具體內容包括：影像藝術的審美本質和審美特徵；影像藝術與現實生活的關係及其形象攝取過程；影像藝術與繪畫藝術的關係；影像藝術的形式美法則；攝影藝術的發展歷程和影像藝術觀念、流派、風格的過程；影像藝術的創作規律和應具有的美學品格；影像藝術的審美價值和社會功能；鑑賞影像藝術的心理機制、過程、特點、意義、方法等。

　　美起源於人類的原始信念，是人類的自我幻覺、自我想像的一種原始體驗。物質世界在不斷地運動與變化，新物質產生，舊物質消亡，這是自然法則。從遠古到現今，原始體驗在人類活動歷史演變中，透過人類活動不斷地體驗與賦予某些事物美的概念，但這種賦予也不是對所有的事物都賦予，而是賦予那些與人性、道德、乃至人的本體等攸關的事物。而人類又把這些被賦予的事物潛入了內心深處，保存、回憶、更新、再現、最後沉澱下來，形成了人類活動的對照原型，這種原型被稱爲「美的事物」並與人類同在。由此就可以推論出：美，是來自人類自身對事物的一種評判，這種評判的基準就是「原型」；美不是事物自身所固有的，而是在人類活動中對事物某些特徵賦予了美的意義。因而，又可以推論出，美的基礎是感知的，這種感知來自於人類活動中的審美實踐。因此，可以說，美產生於人類活動的審美實踐中。而美學就是研究人類活動審美實踐的科學。

　　人類不斷地追求美好事物，嚮往美好的未來，這就呈現出人類追求美的總體性。馬克思主義總體觀認爲：「這是一種普照的光，一切其他色彩都隱沒其中，它使它們的特點變了樣。它決定著它裡面顯露

出來的一切存在的比重。」因此，總體「比重」是由個體組成。馬克思指出：任何人類歷史的第一個前提無疑是有生命的個體存在。總體的前提是個體，總體與個體的統一，就形成了人類審美實踐的總體性構成。因此，可推論出：能直接顯現總體性美的事物，就是美。能讓人想起總體性美的事物，也是美。美的總體是由個體組成，進而又推論出：美是人類活動的總體性在個體體驗中的感性呈現。

從美學的角度來看，個體是美學研究的一個具體方面；個體與個體之間的組合，構成了美學總體性之體系。影像產生於人類對美好未來追求中，它自身不斷地發揮著功能，傳播著「美好事物」的訊息。

對攝影而言，它是以攝影技術為手段，以獨特的視覺瞬間影像及傳遞訊息。以形象配合文字這兩個方面都從特定的角度闡述了影像屬性的某一方面，然而卻忽略了影像的審美實踐屬性。而影像的審美實踐屬性，恰恰是影像不可缺少的重要屬性，人在審視新聞圖片時，自由和自覺的用審美意識去衡量圖片美的存在，以獲得視覺和訊息的滿足。這裡包含兩個方面，一是真實影像的存在形式；二是與影像並存的訊息內容。美存在於人類的一切活動之中，這是一個不爭事實。

然而，在影像領域內對美的認識還存在著一定的偏頗，有人認為影像有了美的存在和追求美就是唯美主義。特別是對於在表現方面，美的表現力、藝術表現力等，這些詞語更是忌諱。甚至都回避這些用語；還有的認為影像就是對客觀事實的反應，是紀實性的，有美的存在就不是新聞攝影了等等。總之，美的概念受到了不公正的待遇。

從上述這些觀點來看，都是對影像和美的實質屬性理解的問題。在影像領域中，對美的存在何以懷疑？這實質上是一個長久的誤會。這種誤會產生的根源就是：能否認識美的問題被當作能否認識美的普遍性的問題。對在影像中美的存在認識性的懷疑，實在是由於沒有看到人類原始信念的價值，而誤以為它直接地就在現實中，它就是現實本身，這種現實包含了影像表現。

大家清楚，美是人對一種事物的評判，評判基準是審美實踐積累的原型。因此，美又是感知的，而感知則呈現在每個人之中。由於人與人之間的感知差異。從而產生了對美的認識上的差異，表現在對圖像的評判上，如對一幅圖像的評價，有的人認爲具有審美價值；則有的人認爲缺少審美價值；有的人認爲是佳作，則有的人認爲是一般。

　　綜合以上論述之結論：產生以上的原因，主要是來自人本身的社會實踐所產生的文化意識。缺乏某種文化意識的人，就不可能在審美實踐中感知美的深層意義和美的存在。甚至出現評判錯亂性，背離了人類追求美的總體性。然而，文化意識是產生人與人之間審美心理差異性的根源。根據馬克思主義的實踐觀，美學是研究人類審美實踐的科學。這樣就爲影像美學研究奠定了牢固的基礎。在此基礎上，展開影像美學的研究，其最終目的，就是縮小攝影者的文化意識差異和審美心理的差異性，提高影像的審美創造力，推動影像審美實踐的發展。

　　美學作爲人類審美實踐的科學，而影像美學又是美學領域中的一門學科，包含了美學研究的規律。由於存在著影像本身的特殊性與具體性，因而影像在實踐活動中形成了自身的美學現象和美學規律。這就確定了影像美學的研究對象與範圍。在影像作品中，那震撼人們心靈的東西究竟是什麼？那就是攝影者在攝影實踐活動中，審美實踐所把握的眞實的、活生生的人類生命活動的影像。應當說，那就是影像與審美實踐密切相關的東西。在一定的意義上說，它就是影像審美實踐的結晶。因此，研究影像審美實踐活動，就必須研究審美要素的基本構成，即是：主體、客體、主客體關係。

　　影像作品中形式美的表現途徑：

1.線條美：客觀存在的，依靠作者去發現、提煉、重新組合，獲得對大自然形體的再現，成爲作品視覺要素之一，與觀者的心

理相呼應引出觀者的審美特徵。

2. 影調美：透過視覺刺激情緒的重要因素之一，進而結合具體的畫面形象，直接影響審美主體的審美情感。

3. 色彩美：色彩的審美表達十分明顯，能向人們傳達出一定的感情意味，傳達著那些能牽動人們情感的各種訊息，可以在人們的視覺中、感情中、意味中產生不同的審美效果。不同色彩在表達具體影像作品時，人們會自覺地結合作品內容產生興奮與寧靜、冷與暖、開放與收縮、活潑與憂鬱、華麗與樸素等意味。人們在審美時，會將影像作品色彩與畫面中具體藝術形態相結合，自覺地賦予各種色彩不同的含義。

4. 對稱：畫面中布局合理、相互協調適應。

5. 均衡：影像中的「一斤棉花和一斤鐵」原理（一斤棉花和一斤鐵的重量一樣，但是體積就差別很大，在影像作品布局中，如果一邊是如同一斤棉花一樣大體量的景物，另外一面就要有相當於一斤鐵的景物相呼應，才能做到畫面的均衡）。

6. 整齊一律：同類圖形相同的排列或者不同圖形錯雜排列，均要保證畫面整體性的完整統一，不能破壞畫面的均衡。影像畫面中形象大小，比例適中，滿足視覺悅目的需求，保持形象之間的協調，於變化中求單純，於變化中求愉悅，於秀美中求和緩。

 ## 第四節　影像的審美意識

審美意識，是審美活動中，人對審美對象的反應。即廣義的美感：包括審美的感知、感受、趣味、理想、標準等各個方面，是審美心理活動進入思維階段後的意識活動。審美意識是主體對客觀感性形

象美學屬性的反應，包括人的審美感覺、情趣、經驗、觀點和理想等。人的審美意識首先起源於人與自然的相互作用過程中。自然物的色彩和形象特徵如清澈、秀麗、壯觀、優雅等，使人在作用過程中得到美的感受。審美意識與社會實踐發展的水平有關，並受社會約束，但同時具有人的個性特徵。在當代，審美意識和環境意識的相互滲透作用更加強化。審美意識是人類保護環境的一種情感動力，促進了環境意識的發展，並部分地滲入到環境意識中成為一方面的重要內容。人對環境的審美經驗、情趣、理想、觀點等多種形式的審美意識，是環境意識必然包含的內容。審美陶冶人的情操，提高生活品質。

　　審美主體是審美實踐中形成的具有一定審美能力的人，審美主體是與審美客體相關相對的美學範疇。個體並不都是審美主體，只有當他具有一定審美能力並從事審美實踐活動，才能成為審美主體。而在人的本質力量對象化的過程中，主體在對對象的直觀中意識到自己的本質力量，從而獲得情感的愉悅，這時審美主體才真正形成。審美能力是因為主體審美能力的高低，決定著客體能否和在何種程度上進入主體的審美視野，成為審美客體。

　　審美主體與審美客體具有相互依存和相互推動的辯證關係。美感要以客觀對象的存在為前提，同時又與審美主體的自身條件密切相關。對審美主體來說，如果沒有可感知的客觀事物作為欣賞對象，主體的感受、體驗就會失去依據。另一方面，審美主體也需要具備一定的審美能力，只有當主體具有敏感的感知能力，能對客體對象的審美特質作出特殊的反應，具有一定的意象生成和形象創造能力，這樣的主體才能成為審美主體。隨著人類社會的不斷發展，主體的審美能力也在不斷增進。一方面，各種審美客體培養和提高著主體的審美能力；另一方面，主體不斷提高的審美能力又促進著審美客體的拓展和豐富。

　　審美客體又稱審美對象，與審美主體對應，指能引起人的美感的

客觀對象。如秀麗的山川、繁茂的森木，在它們被人欣賞時即爲審美客體。審美客體是客觀存在的，具有滿足主體所需要的審美價值。自然環境在漫長的演化過程中形成多樣統一的形式美，特別是生態系統顯示旺盛的生命力，都是人的審美對象。人對自然環境的審美觀與人類社會發展的水平有關。在當代物質生活水平和精神文明的條件下，自然環境作爲人的審美對象的意義日益劇增。又此導致當代環境保護的審美目的越來越顯著。

在現代西方哲學中，客體指獨立於意識之外的某種自在之物，對象則指在意識活動中與意識行爲相對的意識，審美客體主要屬於認識論哲學範疇，它與審美主體構成美學領域中的認識論模式，現代西方美學之所以選擇使用審美對象而避免使用審美客體，主要在於力圖打破美學理論中的認識論模式，在存在論和價值論等理論視野中來探究各種審美現象。

審美價值是客觀的，這因爲它含有現實現象的、不取決於人而存在的自然性質，也因爲它客觀地、不取決於人的意識和意志而存在著這些現象與人和社會的相互關係，存在著在社會歷史實踐過程中形成的相互關係。審美價值其中包括藝術價值複雜多樣的本質的必要性，既取決於理論任務，又取決於實踐任務。審美價值和藝術價值的意義不僅在於形成人們一定的價值定位，而且在於創造最高價值——全面和諧發展的個性。

科學的研究人對現實審美關係的價值方面，旨在解決與加強審美教育和藝術教育的效果，而忽視審美的價值本質，就不能揭示美的標準。人的審美關係是價值關係，沒有價值論的態度，要認識它原則上是不可能的。審美評價則是主觀的，它是對價值的主觀關係的表現，它既可能是眞的（如果它符合價值），也可能是假的（如果它不符合價值），因此，必須嚴格區分價值和評價的不同含義，兩者的區別有如客體和主體的實踐關係和理論關係的區別。

那種把審美理解爲主客觀的統一的觀點是完全錯誤的，因爲它沒有充分地劃分「價值」和「評價」兩種概念之間的區別，混淆了人們對現實的實踐關係和理論關係。審美的特徵不在於主客觀的統一，人的認識任何形式都是「客觀世界的主觀形象」。審美關係作爲客體和主體的相互聯繫而存在。但是，在社會歷史實踐基礎上產生的人類審美關係的實踐。

　　因此，應該把具有參與人對世界審美關係的能力的客體，稱爲審美客體、客觀審美價值或者現象的價值屬性。顯而易見，客觀審美、審美價值或者審美屬性作爲審美體驗的前提，絕不等同於審美體驗，只有當審美感知過程中，審美關係的客體與人具有的審美能力之間發生接觸時，審美體驗才有可能產生。

　　審美理想是人們在自己民族的審美文化氛圍下形成的，由個人的審美體驗和人格境界所肯定的美的觀念和模式。審美理想產生於社會實踐中，人的全部社會活動，從一定意義上說，就是不斷地認識現實、產生理想，並實現理想的過程。作爲審美經驗的結晶與昇華，審美理想與一般的社會理想、觀念又有所不同，而且有經驗性的形象特徵，非邏輯概念所能涵蓋或替代，但是，要充分表現審美理想，使審美理想「物質化」，變成任何其他人都可以接受的東西，那就只有借助於透視審美理想來反應現實的藝術才能做到。

　　藝術作品對現實的反應是一種以審美理想爲媒介的認識，因此，它比現實美更高、更集中，更典型。藝術家的審美理想大致上決定了藝術作品的傾向性和藝術方法、內容與形式。審美理想表現的不僅是個別人的直覺趣味，而且是整個社會集團和社會階級的審美關係的實踐，因而它所概括的審美感知和審美體驗的經驗比審美趣味來得更爲深刻、自覺、廣泛，更鮮明地顯示著一定時代、階級的歷史必然的理性要求。這使審美理想與一定的世界觀、社會制度和實踐要求密切相關，並在許多社會因素的影響下產生和發展，而最終被決定於一定的

社會物質生活條件。

　　審美主體欣賞、鑑別、評判美醜的特殊能力，是審美知覺力、感受力、想像力、判斷力、創造力的綜合。在人的實踐經驗、思維能力、藝術素養的基礎上形成和發展，是以主觀愛好者的形式表現出來對客觀美的認識和評價，既有個性特徵，又具社會性、時代性和民族性。

# 第六章　影像創作性的思考

- 影像的部分再製
- 影像的分類與保存
- 重組後的新創作
- 資訊的影像傳播
- 廣告訊息傳播

 ## 第一節　影像的部分再製

原始的整體產生，也就是第一個創作性的思考，有了這樣的一個整體之後，作者再用各種各樣的攝影器材，或者是用各式各樣的數位設備來攝影現場或是在攝影棚，將腦袋想像的整體或是他在攝影現場的感動，能夠分解成部分，這個我們稱為影像的創作性思考。那麼，影像的創作性思考的部分再製，是指在傳統的攝影上面從一捲軟片的醞釀，我們來判斷哪一張照片是適合的，是自己喜歡的，是比較符合自己原來的創作時的想像的，我們把它選出來，這樣的選擇，也是一個非常重要的能力。我常在講，在學生的時代，老師往往可以從學生的電腦桌面上的垃圾桶來找出最好的照片，因為學生自己對他的好的照片並沒有正確的判斷能力，而往往把最好的照片當作垃圾一樣丟在垃圾桶裡面，這就是我常說的，從你原本所拍到的那些材料裡面找出正確的影像，或者是我們把找出來正確的影像，或者是不正確的影像，不是自己理想的影像，但是你可以用數位的方式，或數位的環境把它調整，或是由原來的傳統攝影的暗房裡面用暗房的方式來調整它，或是用光學的方式來調整它。這個我們稱為在攝影的影像傳播過程的創造性思考，就是部分的再製，你可能把它調整反差，可能在拉它的特定曲線，可能讓暗部沒有質感，可能讓亮部更有質感等等，這些都是部分的再製，而這個部分事實上所做出來很可能還是一張照片而已，但是這一張照片可能和它原始的那個部分是不一樣的細節，不一樣的內容。

## 第二節　影像的分類與保存

　　接著說明影像部分的分類保存與管理，這個分類保存在新的時代裡面尤其重要，因為新的時代截取影像的設備愈來愈多，愈來愈複雜，愈來愈多元。事實上，現代社會的專業人士工作量已遠遠超過農業時代，或者是工業時代初期。那個時候的影像，工作人員所得到影像的量，每一張影像作不同層面的命名，或者是整理，或者是管理，變成在影像傳播上面是非常重要，也就是當你的部分，當你的碎片數量非常少的時候，可能在你的腦袋裡面，你很容易知道哪一張影像、哪一個類型的影像是在哪裡。可是現在新的時代，因為大量的攝影設備，或者是非常多的資料庫去找資料，就像現在跨國的雜誌社，在每一天的工作裡面，有專門的人去圖片庫裡面找資料，是為了下一期的雜誌所需要的圖片而去搜尋，能不能夠用適當的關鍵字，找到自己所需要最適當的照片，這種能力事實上也是我們講的創作性思考中非常重要的能力，而倒過來講，我們以創作者的立場來看，在平日所累積的自己所拍的資料庫裡面，如何能適當地替每一張照片做一個適當的關鍵字的賦予，或者是一連串的關鍵字的賦予，讓在事後搜尋的時候，能夠迅速的找到所需要的類型的影像。

## 第三節　重組後的新創作

　　那麼，當有需要的時候作者能夠在一個適當訊息的空間裡面，能夠把自己的部分按照需求把它抽出來，然後重新編排，在資訊空間能夠再現出來，這也就是部分重組成為一個新的整體。那麼其中我們所

需要的能力，第一個是找到適合的資訊空間，我們在前面提到這個資訊空間在現代的影像傳播空間裡面，事實上有非常多的管道，在展場上面展覽，在牆上面來做展示，是一種資訊空間，在CD ROM上面也是一種資訊空間，在傳統的印刷的紙本上面也是一種資訊空間，在網站上面也是一種資訊空間。所以這些不同的資訊空間，都有不同傳播的特長，有一些適合在展覽的現場傳播，有一些適合在網站上傳播，有一些可能需要CD ROM發出去來作傳播。而這些選擇再加上特定的資訊空間裡面，怎麼樣選出一個適當的影像，再把這個影像放成適當的大小，有的是3×5，或5×7的大小，這種因為訊息內容的不同而決定它影像的大小，或者是因為訊息內容的不同而決定訊息，是影像創作者一個非常重要的能力，那麼整體創作思考就是我們必備的能力。

如何在傳播的需求上面，選擇正確的資訊空間，在選定的資訊空間裡面如何重組當初自己所得的部分而成為一個新的整體，這新的整體不一定是只有影像，很可能上面掛著一件毛衣，很可能前面擺了一輛汽車，這種找其他適當現成物的素材來配合展示，來配合聲音，來配合可能有氣味的產生等等，都讓這個新的整體能夠吸引觀者，或讓觀者能夠達到一個特定的訊息的傳遞。

因此，影像訊息傳播的過程，從第一個作者視覺的形成，第二個把整體分解成部分，第三個是使用光學器材得到光學影像，第四個是把光學影像轉換成化學影像或者是電子影像，第五個部分是影像的加工組成，就是後製、再製的部分，第六個是影像的保存和管理，第七個是影像的複製和傳播，第八個是把部分重組成為一個新的整體，再現一個新的整體，第九個才是觀者視覺的形成。所以，以上這幾個階段，事實上才是我們對當代的環境裡面，我們對影像傳播應該要有的一個適當的概念，所以我們從前面的一個過程當中，我們可以看到，其實每一個創作性思考都在做價值的判斷，所以這個價值的判斷是你思考的內容。事實上也就是視覺上和網膜上一個轉換的關係，視覺像

我們在前面提到過的，就是作者或訊息的發送者在攝影現場所體會到的那個抽象的整體，或者是他因為有客戶的需求，自發性的有客戶的概念，他想要創作的時候，他腦袋裡面所浮現的。

　　所以，價值判斷就是我們在前面所提到過的視覺像和網膜像轉換的關係，我們知道視覺影像就是作者在現場所感受到的一切的抽象的感動，我們用前面例子講的，太陽花事件的現場，所看到的事件的內容，其實它只是一個形而下的事件而已，可是作為一個記者，或作為一個影像創作者，他現場所感受到的震撼，所感受到的憤怒，所感受到恐懼，那才是真正他傳遞出來的，或者是他想要傳遞出來抽象的整體。而我們在攝影現場，所看到實際上的景物是光學現象，但是事實上，我們在現場也聽到聲音，我們也看到這整個事件從開始到末了之間的所有形成，這個都是我們講的視覺抽象的、是多元的，它多元的也就是說不是單單眼睛看到、耳朵聽到、鼻子聞到味道、身體感覺到這中間的震動或者是其他的訊息等等，而這個綜合所得到一個抽象的概念，稱為視覺像；而網膜像就是你的眼睛以下的網膜所呈現的光學的影像。

　　這個影像首先第一個它是一片一片的碎片，第二個它是沒有聲音的，第三個它是平面的，第四個它只有光影的存在而已，所以這些網膜像和視覺像之前轉換的關係，原來得到的抽象概念，而新的原始整體，是一個視覺像、是一個立體的、是一個多元訊息的，而當他用照相機照出來的時候，他得到的影像就是一個網膜像，要把這些原來的碎片或是網膜像重組成為一個新的整體，那就變成一個視覺像，而這個視覺像又再重新呈現在觀者的大腦裡面，也是一個視覺像，所以整個影像傳播的訊息就是如何把一個抽象的整體，這樣的一個視覺像變成一個具象的部分碎片的網膜像，而再從網膜像又轉換成一個視覺像的反覆變化的一個過程，而這個過程當中，作為一個創作者，作為一個訊息傳遞者，非常重要的一個能力，就是他的價值判斷的能力，

這個我們在前面也提到過,這個價值判斷的能力是來自於創作者的訊息發送者的大腦裡面所儲存原來的長期記憶庫和短期記憶庫裡面的資料,這裡面的資料如果他的經典夠多,美感的訓練夠多的話,他的作品的價值,他的內涵自然就會被他的大腦儲存的內容所提升。

所以,我們在當代社會,有學者堅稱和現在資訊傳播有關的三種行業,第一種是傳遞業,也就是我們所知道的報紙、電視台或者網路等等。第二種是訊息的儲存業,訊息的儲存業就像是中華電信、台哥大這樣的訊息的儲存業,它是伺服器的提供業,或者是CD ROM內容的提供業,就像SONY這樣的公司,製作大量的電影儲存在不同的DVD裡面,隨時供大家來選用來參考。第三種是解讀業,解讀業也是我們主要講述的目標,就是訊息的設計、製作電影或者是製作MTV這一類都叫做解讀業。我們可以看到在未來的時代,其實最重要的是第三種,叫做解讀業,這解讀業用比較口語化的方式來形容就是翻譯的人,或者是解讀的人,翻譯的人也就是說如何把客戶所需要的抽象概念視覺化,而用平面的影像能再現抽象的概念。我們常常解釋在所有的行業裡面,賣衛生紙的、賣洗髮精的、賣肥皂的、賣清潔劑的、賣衛生棉的,這雖然產品都不一樣,但是他們在抽象的概念裡面,都是在賣清潔這兩個字的抽象概念,所以對這些不同的產品行業人來說,在解讀業眼中事實上它是一致的,它就是清潔的概念。

因此,要如何用具象的影像來呈現這五種不同的產品。這五種產品的分類可能不太一樣,但是對解讀業的人來講,是同樣賣一個抽象的概念。所以,我們講解讀的意思就是說,如何把產品用能夠讓觀者感受到溫暖或者感受到乾淨,這樣清潔的一個概念,這樣一個影像能夠呈現出來,這就是解讀業在未來時代裡面非常重要的一個原因。所以影像傳遞的人,事實上做的事情就是翻譯和解碼的動作,或者是編碼或解讀的動作,這些都是影像工作者所必備的條件。因此,我們前面講到的把視覺訊息、視覺像和網膜像能夠互相轉換,這樣的能力也

就是當代的名詞Visual Literacy，也就是視覺讀寫能力的一個概念，視覺讀寫能力就是如何把抽象的概念能夠用具象的聲音、影像、文字、動畫把它表現出來，這種能力就是所謂的視覺讀寫能力。

 ## 第四節　資訊的影像傳播

　　我們傳統攝影的觀念和新時代的數位時代影像觀念之間的差別，在於以往攝影是把攝影的技術和攝影的材料以及控制材料當作攝影的全部。現在我們知道，攝影怎樣拍一張、怎樣製造一張照片的內容轉換，到怎麼瞭解一張照片的訊息。因此，才有訊息資訊的傳播及影像資訊的傳播這樣的概念的出現。所以，對未來時代的學習環境，如何瞭解視覺讀寫能力以及如何對一張影像的價值判斷，做一個系統性的瞭解，以及自己的本能及直覺的本能上，如何具備出有視覺美感的影像，這個是未來的時代對影像工作者非常重要的條件。所以在影像的生成和影像的轉換，這是傳統攝影的概念。而未來影像的傳播和影像的價值判斷，是未來的時代在影像工作者的重心。在探討數位攝影此一概念時，章光和（2005）先行定義何謂數位攝影？並由小而大將其大致區分為三個範疇，分別為：直接數位攝影、合成影像以及電腦繪圖。於電腦繪圖此一範疇中，攝影當中存有的繪畫性與觀念性將益發被凸顯，章光和主張「數位攝影是反直接攝影的繪畫性再創造」，而電腦化時代攝影的本質即是「一種主觀的影像再創造」。藉由影像處理，攝影者毋須再遵守影像的原真性，而可以依循主觀意志任意重塑影像內容。是故相較於傳統攝影，電腦化時代的數位影像具有下列四個本質：(1)可以不照單全收，不接受影像固有的限制；(2)可以無中生有；(3)成像過程前後具連續性；(4)它是一種主觀的影像創造。進入電腦化時代的數位攝影之後，後製作影像蓬勃發展，人們得以運用影

像處理軟體輕易變更照片的原貌，不受影像固有的限制。數位攝影的本質蛻變爲「一種主觀的影像再創造」，是故，攝影的紀實性受到考驗，而繪畫性的拼貼、剪輯與修飾凸顯出數位攝影的特性，數位影像的創作手法趨近於繪畫，再次掀起另一波攝影之本質的辯證。

　　基本上，就是以技術和材料至上的角度，回歸到視覺和傳播的本質上，攝影基本上還是因爲人的需要而有的，而人希望用一些媒材、一些載體能夠來傳遞訊息，或者是讓人類瞭解在他身體的狀態所無法到達的時間、空間底下到底發生什麼事情，而這個影像就扮演了重要的角色。因此，影像對人類文明而言，基本的本質仍然是視覺的訊息的傳播。

 ## 第五節　廣告訊息傳播

　　廣告與傳播有著特別密切的關係。廣告學在其發展的過程中是以整個傳播學體系作爲依據的，從本質上說，廣告就是一種訊息傳播的過程，必須依靠各種傳播手段，廣告訊息才能傳遞給一定的受眾。廣告現代化的過程也是和傳播技術現代化的過程並駕齊驅的，而作爲廣告效果的評定，在相當大程度上也取決於其與訊息傳播學規律的吻合程度。所以作爲廣告學的分支學科之一的廣告傳播學也處於十分重要的位置。

### 一、廣告傳播的概念

1.從傳播的角度而言，廣告主與廣告代理公司（製作公司）、廣告媒介的合作，並不意味著廣告活動就能大功告成，只有在消費者參與進來後，廣告才能成爲完整的活動。換句話說，只有

當發送者與接受者雙方都分享到被傳播的思想，傳播的意義才完整。

2.傳播中的經驗泛指個體的全部生活經歷。在訊息發送者與接受者之間共同的經歷越多，相互分享的思想越多，交流可同時溝通。

3.在廣告傳播中，字形、圖案或其他符號至少具有三種含義：指示義含義、內含義和背景的含義。內含的含義比指示義含義更主觀、更有揣摩特點，是對符號——物體關係的個別、特殊的理解。受眾接受訊息時所處的背景會產生背景的含義。

4.傳播者的主觀意圖僅僅是廣告傳播的一個方面，客觀效果如何，更取決於受眾接受廣告之後的反應，這便是廣告傳播的核心概念。

## 二、廣告傳播的核心

廣告傳播的核心是訊息，是對某一觀念或思想編碼的具體結果。廣告訊息都要由兩方面組成：說什麼（內容）和怎麼說（方式）。媒介是將經過編碼的訊息傳達給受眾的管道。受眾可分為個人或群體，是訊息的目標。廣告活動中，一切出發點是目標受眾，即目標消費者。受眾進行訊息接收的選擇性定律，受眾在接收訊息時必然會根據個人的需要有所選擇、有所喜好，甚至有所曲解，以便使接受的訊息與自己固有的價值體系和既定的思維方式儘量地協調一致。

### (一)選擇性接觸

又稱選擇性注意，係指人們儘量地接觸與自己的觀點相吻合的訊息，同時竭力避開相抵觸的訊息的一種本能傾向。選擇性接觸既包括

對某類訊息的接觸，也包括對另一類訊息的不接觸。

## (二)選擇性理解

　　受眾總要依據自己的價值觀念及思維方式對接觸到的訊息作出獨特的個人解釋，使之與受眾固有的認識相互協調而不是相互衝突。

## (三)選擇性記憶

　　即受眾根據自己的需求，在已被接收和理解的訊息中選擇出對自己有用、有利、有價值的訊息儲存在大腦中。選擇性接觸和選擇性理解都是有意識的行為，而選擇性記憶則是無意識的行為。

## 三、廣告傳播的特點

　　廣告傳播是以盈利為目的。企業為主體的廣告主所進行的有關商品、服務、觀念等方面的廣告訊息傳播，其特點有：

## (一)廣告傳播是有明確目的的傳播

　　無論盈利性廣告傳播或非盈利性的公益廣告傳播活動都具有明確的目的。例如作為盈利性企業追求的是要把企業的訊息儘快地傳給潛在的目標受眾，實現商品銷售，提供服務，獲得盈利，維持企業生存和發展，其目的性是非常明確的。也正是為了實現企業的盈利目的，企業廣告主才對廣告創意給予高度重視，對廣告文案及周密的廣告傳播計畫，並要求廣告製作要有效地、準確地傳遞訊息，要求「廣告上的每一個字、每一個圖表和符號都應該有助於你所要傳達的訊息的功效。」

## (二)廣告傳播是可以重複的傳播

廣告訊息總是力求所有的目標受眾都接受到。對於以盈利爲目的的商業廣告而言，廣告主總是針對潛在消費者策劃傳播活動的。在第一次託播以後，不可能被每一個目標受眾接受，一次傳播到達率是極低的，那就需要第二次再播，第三次再播……。

## (三)廣告傳播是複合性的傳播

廣告傳播不是單一管道進行的，大多數廣告主常常透過多種渠道展開複合性傳播，其方法一是以大眾傳播媒介爲主體，與其他媒介相配合。即利用報紙、雜誌、廣播、電視向分布廣泛，人數眾多，互不相識的受眾進行的訊息傳播；其二是以付費的傳播爲主體與不付費的傳播相結合。大眾傳播媒介需要付費，這是現代廣告的基本特點之一。廣告主也可以透過自辦媒介物開展廣告傳播活動，雖然其規模較小，傳播有限，但可以針對特定受眾進行有效的傳播活動，並且費用較低。

## (四)廣告傳播是對銷售訊息嚴格篩選的傳播

一個企業、一種商品、一種服務或觀念，可以宣傳的方面是很多的，有待於傳播的訊息是大量的，但是廣告傳播實際所能傳播的內容總是十分有限的。

## 四、廣告傳播的原理

廣告效果層次由淺入深，分爲三個方面：認知（感知和理解）層

次、情感體驗（喜愛和偏好）層次、行為（嘗試和購買）層次。從傳播功能來看，效果層次的有效性並不一定依照上面的認識那樣由淺及深的秩序陳列，三者的順序是可以顛倒的。至少有三種結構存在：

1. 當消費者對廣告上的產品真正感興趣，廣告主利用大眾傳播媒介促進產品銷售，競爭品牌間的差別較為清楚時，認知層次才能發揮作用，其組合為認知─情感體驗─行為。

2. 當產品處於重要位置，其他選擇不明確（如價格、銷售通路等），人員銷售是訊息傳播中比大眾傳播媒介更重要的手段時，不和諧歸屬層次（行為─情感體驗─認知）便會發揮作用。

3. 當競爭品牌之間的差別縮小到最低點，產品對購買者已無關緊要，需要重複的傳播訊息使品牌在消費者心中保持新鮮感時，低度參與認知層次（認知─行為─情感體驗）便發揮作用。

## (一)廣告傳播的誘導性原理

廣告傳播的誘導性原理就是，廣告訊息作為外界刺激，作用於受眾引起預期的觀念改變和購買行為，這是一個可以透過多種手段誘導實現的心理滲透過程，它包括觀念的傳播、情緒的傳播和行為的傳播。廣告傳播的直接目的是要讓接觸廣告的人瞭解並接受廣告中包含的訊息，要實現這一過程，一種情況是在較短的時間內直接透過廣告製作的特效的畫面，如語言、音樂、色彩等引起受眾強烈的興趣；另一種是透過潛移默化逐步誘導而達成的，誘導受眾逐步接受廣告宣傳的內容，包括接受廣告中主張的消費觀念、價值觀念和生活方式，以一種無形的力量使受眾對廣告傳播者的觀點意見趨於認同。誘導力的大小取決於訊息的誘導性強弱的程度。策劃製作廣告的一切努力幾乎與提高廣告誘導力有關，所以誘導性原理被人們視為指導廣告策劃，

製作傳播的重要依據。

## (二)廣告傳播的二次創造性原理

　　廣告傳播的二次創造性原理，指的是廣告傳播是一個完整的創造性過程。這種創造性不僅表現在傳播者在廣告的設計製作、選擇傳播途徑等方面，還呈現在廣告訊息的接受者方面。廣告訊息的接受者會透過再造想像，在接受傳播訊息的過程中發揮創造性。訊息接受者接受訊息同樣也是一個創意的思維過程，它可以面對無數訊息，根據自己的生活經驗加以選擇性的注意，選擇性的理解，選擇性的記憶，而後透過想像、聯想等一系列心理活動，作出自己的判斷和反應。所以從人的創造性發揮的角度來說，廣告傳播是一個兩次創造過程。廣告傳播者應該深刻瞭解廣告傳播過程中二次創造性原理，對製作並傳播廣告訊息是有積極意義的。

## (三)廣告傳播的文化同一性原理

　　廣告傳播的文化同一性原理，係指訊息在傳播中能否被接受或接受程度，決定於雙方共同的經驗區域的大小。共同的經驗區域越大，越廣闊，傳播就越容易，接受程度就越高。也就是說廣告傳播的效果與傳受雙方的文化狀況密切相關。廣告傳播客觀上要求傳播者與接受者有共同的文化基礎。文化作為潛在的支配者、誘導者時時刻刻促進或約束著廣告傳播過程的實現及其效果。從文化角度來看，廣告傳播是一種文化活動。要實現有效的傳播，廣告訊息的製作者、傳播者與其接受者應具備共同的價值觀念，類似的行為模式以及其他文化方面的共同性。這種共同性越多，傳播的效果就越佳。它可以根據文化背景共同性的大小確定廣告傳播方式，同時應注意廣告中文化水準要與

受眾的文化水準相適應。廣告製作者應有極強的文化意識，要清醒的看到廣告傳播在本質上也是一種文化交流，時時從文化的角度去觀看廣告訊息接受者的情況，從文化的角度去調查廣告傳播成敗的深層次的原因。

# 第七章　影像傳播的本質

- 影像的弔詭本質
- 影像的本質
- 影像藝術作品的本質

# 第一節　影像的弔詭本質

　　影像本身就是一個非常特殊的本質，就是弔詭。這樣弔詭的解釋其實最簡單的就是，「是又不是」，我們知道在台灣的使用，是弔詭，英文的使用又叫做Paradox，但在中國大陸被翻譯爲悖論，又在中文有另一種稱呼，叫做二力背反，簡單來說，就是兩個相互排斥的力，同時屈身在一個事實或是一個物體的身上。而在日本的漢字上面，它的用法又叫做逆縮，就是相反的逆縮，所以我們知道弔詭的意思是，它「是又不是」，它看起來好像是對的，可是它實際上又不對，這就是在影像上面最強的本質，它有益於繪畫或其他圖像的最大的地方，就是它既是又不是，是我們講的攝影現場的眞實記錄，可是卻又不是攝影現場的本身，它只不過是攝影現場由攝影作者所取得的時間和空間的碎片而已，那麼同樣的它是從對照體身上反射光線所取得的光影。

　　所以，我們稱它是對照體的代表，可是它卻又不是對照體的本身，我們也提到過是圖像和整體之間的關係，而且照片本身是二度空間，就是一個平面的空間，可是我們看的人都能夠在這一個平面的空間內容，感受到立體空間的訊息，這也是一個弔詭的特質之一。所以同樣地，影像呢？它又可以印刷在紙張上面，又可以懸掛在牆上，它某種程度上來講，其實是一個視覺的對象物，也就是圖像的一種，可是這個性質我們剛才也提到過，它的圖畫、繪畫和素描，它又截然不同。

　　我們在看任何一張照片的時候，我們都會相信它是眞實的代表，可是當我們看同樣的一個畫家，即便是工筆畫來畫，我們一看就知道那不是眞實的東西，這就是影像弔詭性的本質。同樣地，我們也可以

知道，任何一個作者在拍攝照片的時候，都是爲了未來的拍攝而需要的，我們可以想像攝影記者的工作，我們可以想像婚紗攝影的工作都是爲了未來的需要，但是當觀者看到那一張影像的時候，看到的卻是過去時空的狀態，這就是我們前面也提到過的，所有的影像都代表了過去，都代表了凡事都有過去的時候，但是以攝影者的角度上來講，按快門卻是爲了未來的需要而按的，而不管是給別人看也好，給未來的自己也好，一張照片，事實上它是濃縮了過去和未來，也就是過去和未來交界的地方，事實上就是影像的特質。

　　同樣地，仍然很類似的就是在一張照片上面它是凝聚了兩種視線，一種視線是作者在現場觀看被照體的視線，同樣地，觀者在照片上面我們可以得到的是觀者在觀看這一張照片，也就是我們前面提到的人和對象物的一個三元素，事實上，永遠是影像的創作者非常重要的一個題材。這樣的一個觀看的題材是作者非常重要創作的動機。

　　因此，我們可以得知，一張影像是匯集了作者在現場的觀看，也匯集了觀者在照片前的觀看，這樣的兩個視線的交匯之處，就是這個影像的特質。所以我們也可以看到另外一個影像弔詭性的本質，就是在攝影現場，當我們在攝影棚裡面，可以更加地明瞭，就是當在攝影棚裡面，把所有的燈都關掉的時候，我們的眼睛看不到任何的影像，看不到任何事實，當燈打開來的時候，我們終於看到某種程度的畫面，這個意味著在攝影現場亮的地方代表有，而黑的地方代表無，暗的地方代表無，所以只有亮的地方代表有訊息，就是我們講的數位新觀念訊息1的部分。而暗的地方，我們把燈關掉的時候，那個暗的地方代表無，也就是代表我們講的數位訊息0的部分。可是這樣的一個攝影現場，當轉換成照片的時候，我們都知道，照片的視野基底，也就是在照片什麼影像都沒有的時候，它是一張白色的紙，而什麼樣的狀況可以使得這一張白色的紙有影像，也就是這一張白色的紙上面開始有暗的部分，開始有黑的墨附著在上面的時候，或者我們說黑色的銀粒

子附著在上面的時候，它開始叫做有，所以在照片上呢？它確實是倒過來的，是黑的地方、暗的地方叫做有訊息的information，而白的地方卻是無訊息的information。

　　而我們在攝影現場所看到的，卻是亮的地方、白的地方叫做有，而黑的地方叫做無，所以我們也可以說這樣一個影像的弔詭性本質，通常都是一個攝影家能不能夠做好創作的一個關鍵性及因素，也就是說對於一個業餘的人來說，當他打光的時候，他通常都覺得應該看那個光線照亮地方的狀態是怎麼樣，而來決定這個燈光要怎麼樣使用，而不會去注意到燈光沒有照亮暗的地方，實際狀態要怎麼處理。可是實際上，專業的攝影師，他在打光的時候，卻不是看照亮的地方來決定要怎麼運用，而是在看暗的地方，實際光線的狀態及層次的狀態而來決定光線該怎麼用，這就是內行人和外行人的差別。

　　我們在整個生活裡面，事實上也常常強調影像之所以能夠在現在的社會這樣被大量的使用，在這個高度發展的文明社會，這樣的被發展使用的原因，是因為我們的人生本質就是弔詭，我們隨便都可以說出非常多人生弔詭的問題，簡單的例子就是，健康的東西一定不好吃，好吃的東西一定不健康，這個學生在上課的時候，都在啃雞腿，都是大家喜歡吃的，但是我們都知道，這些香噴噴的、油炸的食物對身體的傷害是非常大的。

　　同樣地，對於剛學會開車者或業餘的人來講，交通事故的發生，或是行車安全，他們只會看前面的道路，但對專業的司機付出最大的心力則是在看三片的後照鏡，也就是說，針對路況而言，不會開車的人，他看的是前面，會開車的人，看的是後面，這都是我們在講的影像弔詭本質，其實就是人生的弔詭本質。這兩個互相呼應使得我們的文明當中，逐漸地被大量使用，也因此我們可以說，在影像上面，專家看的是暗部的層次多寡，或是暗部層次的豐富與否的問題，而不會看影像的故事情景。所以，專家講究是暗部層次與否的原因，正是因

為照片上它完全沒有訊息的時候，它是一張白紙，所以它是在白的地方叫做沒有訊息，是「0」，而暗的地方是有訊息，是「1」的存在，這就是影像訊息的有無之間顯示的弔詭問題。

我們的視覺有所謂的適應視覺的心理狀態，這個英文叫做adaptation，例如：我們在光線非常強的時候，我們的瞳孔會縮小，是網膜主要知感狀態；但是當我們到荒野，四處無人，而且非常暗的夜晚的時候，我們網膜上的感狀體的視神經以及瞳孔也會逐漸地張開，也就是人類的視覺有適應這樣的一個視覺的能力，使得我們可以看到非常亮的層次。

 ## 第二節　影像的本質

影像的本質有三個面向，第一個面向是視覺的，它是機械複製，它是傳播的；第二個面向是在作者的媒材以及議題；第三個面向就是人的問題、看的問題，也就是視覺的問題和作品的問題，而視覺、影像、傳播是一個面向，而作者、議題、媒材也是一個面向，而人和作品是另一個面向，那我們就先從第三種面向來談人的本質。基本上，就像大家在《駭客任務》的電影上看到，我們所能夠感知的世界、時間、空間的存在。

影像是一種視覺的機械性複製，在1930年代德國學者就提出來的概念，其實也就是有別於精密素描，或者是油畫、繪畫手工的複製，就是把我們眼睛看到的影像，能夠把它描繪下來。在15世紀就已經開始有了perspective，這個透視的畫法，是為了要讓繪畫家所畫出來的畫能夠和眼睛看到的一模一樣，不管是大小、遠近、濃淡等等，這樣的一個努力，也就是在1839年以前暗箱的發明，甚至於camera ruistar的發明都是為了讓畫家能夠畫出和眼睛看到的一模一樣的畫，那麼1839年

攝影術出現之後，所有畫家的努力，都可以用一些簡單的設備和感官材料的使用，可以說是把畫家當初所賴以維生的能力自動化了，也就是我們所謂的機械性的複製。

後來光學技術開始發明，有了比較複雜的鏡頭，事實上，攝影術發明之前就有了鏡頭設計，這個設計的內容事實上是非常複雜的，也就是將光學影像利用暗箱所製造出光學的影像，能夠用感光材料複製下來，所以，攝影術事實上也就是兩種影像的轉換。

在獲得光學影像之後，再用感光材料把它變成化學影像，這是最早的攝影術。可是到了1990年代以後，人類的科技開始產生了所謂的電子的光電產品，光電產品使得CCD能夠取代鹵化銀，甚至於原來使用的化學性的感光材料轉化成能夠把光線變成電子訊號的感光材料，所以，不管是用化學的感光材料或是用電子的感光材料，總之，都是將不能夠保留儲存以及不能夠留下來的一個光學影像，轉換成能夠留下來的化學影像，或者是電子影像。事實上，電子影像的名詞在邏輯上是有問題的，電子影像事實上也就是電子的資料而已，因為，最後我們在電腦裡面儲存所有的影像其實也是資料而已，並沒有影像本身是可以看得見，所以最後所謂的電子資料都變成從噴墨印表機印出來，或者是到沖洗公司用雷射的光掃描在相紙上面，最後，我們看到的仍然是類比式的化學影像。

所以，不管是用化學的方式來改變光學影像，或者是用電子的方式來改變化學影像，總之，都有一個中間的影像就是攝影家在暗房裡面沖洗出來的負片，而我們剛才講的電子式的中間影像，就是儲存在我們的電腦裡面的jpg檔，或者是tif檔等其他的形式，這個都稱為「中間的影像」，而中間的影像必須再用另外一些適當的方法來改變，來變成最後的終端的影像，這終端的影像就是呈現在觀者的眼睛裡面所看到的影像，也就是印刷紙上面的影像或者是照片的影像，或者是幻燈片投影上面的影像等等。這些我們都稱為Positive image，也就是人

類的知覺可以感知反射式的影像，其實都是類比的影像，也就是我們把硬碟打開來是看不到裡面存的三千張或者是一萬張的jpg檔，因為這只是數位式的數據而已，我們要把這些硬碟裡面所儲存的影像讓我們眼睛能夠看得到，那麼我們就得要把這些數位式的資料，轉換成類比式的影像，也就是噴墨輸出，或是雷射輸出這樣的一個影像，或者是印刷成為雜誌上的影像。

因此，在光學影像裡面，明亮的地方是訊息的有，而黑暗的地方是訊息的無，可是在照片上面或者是我們在任何的類比式的影像上面，影樣都是由暗的、深色的染料或者是鹵化銀所構成的，或者是油墨所構成的。因此，在化學的類比式的影像上面，明亮的地方反而是訊息的沒有，是「0」的部分，而黑暗的地方反而是訊息的有的部分，也就是「1」的部分，這是機械式影像最大弔詭的地方及特徵的地方，這也是我們在前面提到過不會照相的人，以為在用光線的時候應該去注意到明亮的地方，可是實際上內行的專業攝影師或者藝術家，都知道在用光線的時候，事實上應該觀看黑暗的影子的部分，那個才是影像訊息裡面的有，這是我們講影像的本質裡面非常特殊弔詭的地方。

因此，我們可以得到一個結論就是，影像最小單位的差異，事實上就會產生影像質感特徵的差異，這個意思也就是說，我們用噴墨印表機印出來的影像和投影機投影出來的光學影像，或者是印刷的油墨印刷出來的影像，或者是在電視上的螢光幕所呈現的影像，都因為影像的最小單位不同而有所不同，產生了影像質感上的差異，所以，從這個角度來談光學影像的最小的單位，也就是在影像裡面最早的，在針孔裡面成像，針孔成像或者鏡頭成像的時候，所形成在軟片上面所投映的光學影像。最小的單位就是光學影像，也就是我們講的模糊圈，英文叫做circle of confusion。

circle of confusion的概念，也就是所有的光學影像都是由直徑或大或小的模糊圈所組成的。從物理的角度來看，影像其實都是模糊的，

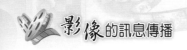

只是模糊少一點還是模糊多一點的問題，這關係到我們眼睛的網膜辨識的能力，能夠知道網膜是由錐狀體和桿狀體兩種視神經所組成的，事實上，錐狀體或是桿狀體就等於是化學影像上的鹵化銀或者是在電子影像的pixel，這個CCD它可以分割多小的最小單位叫做畫素，或者是有人稱為像素。

　　人類視覺的視網膜所能夠分解的最小像素的單位，也就是當我們在明視距離，眼睛在看照片的時候，眼睛最舒服的視覺基底，我們稱為明視距離。事實上，是10英寸也就是25.4公分，在這個觀看的距離底下，我們的眼睛是沒有辦法分辨，直徑比百分之一英寸更小的圈圈。因此，這個直徑在百分之一英寸更小的圈圈，比如說是兩百分之一英寸或四百分之一英寸或五百分之一英寸，對我們的眼睛來講，都是一樣的清楚，可是實際上用物理的角度來量，其實是有五百分之一、四百分之一、三百分之一、兩百分之一或一百分之一的差異，但是我們眼睛因為無法去分辨它，所以我們都認為是清楚的，而如果直徑超過了百分之一英寸，比如說這是三十分之一英寸、五十分之一英寸的話，我們就會認為是模糊的。因此，我們的照片都是由很大的，或小的，或逐漸小的，不同直徑的模糊圈所組成。而直徑大於百分之一英寸模糊圈的知覺認為是模糊的，而直徑小於一百分之一英寸，不管有多小，我們都稱為是清楚的。

　　所以，這也就產生了影像上面一個非常重要的語意形成，也就是在影像裡面清楚的影像，事實上是意味著作者希望觀者優先去看的那個部分。基本上就是先要處理一個問題，就是我們要看清楚它是什麼、它在哪裡，或它在做什麼？所以模糊的影像在畫面其實是意味著它的語意是作者請觀者不要優先去看它，而優先看的對象是那些清楚的部分，這就是我們講的影像裡面非常重要的一個概念就是景深的，景深範圍的影像都是這個攝影者或作者希望觀者優先去觀看的這個內容，而景深之外的模糊影像，不管是更近的距離或更遠距離的模糊影

像，都是作者希望觀者晚一點再看的一個影像，所以這樣的一個清楚或模糊的影像，事實上，在大陸的用語叫做實的像或虛的像，「實」就是確實的實，這樣的一個像，事實上也就是這樣的一個概念。所以我們也可以延伸出來，在景深的影像，它都是清楚的，但如果用物理的角度去測量的話，事實上它仍然有一個地方是最小的模糊圈。我們剛才講只要百分之一英寸以下，它就是在視覺中，它會變成清楚的影像，而百分之一英寸、兩百分之一英寸、三百分之一英寸、四百分之一英寸，它的模糊圈，其實是愈來愈小，雖然我們的眼睛都認為它是一樣大，但是畢竟中間一定有一個最小的地方，而最小模糊圈的地方就是我們調焦，焦距調清楚的地方。事實上，一般人在調焦距的時候，基本上在調人像的時候，是調在眼睛上最小的模糊圈的地方，如果我們調焦距，把眼睛是調在最清楚的地方，事實上意味著它的模糊圈是最小，也因此，當這個影像逐漸放大的時候，最後模糊的地方，也就是你調焦的地方。因此我們可以說，原來在百分之一英寸範圍的景深，如果把照片的倍率再放大的時候，原來的百分之一英寸就變成五十分之一英寸，也因此原來的百分之一英寸的影像就開始模糊了。所以，當我們的影像的倍率逐漸放大的時候，其實影像的景深是愈來愈窄，愈來愈小，而最後是我們調焦距的地方，最後也會有很多影像的倍率無限制放大。

所以，影響景深的深淺條件，除了我們使用光圈的大小，還有攝影的距離會影響，以及鏡頭焦距的長短會影響之外，事實上，還有第四個因素，就是影像放大的倍率。所謂的影像放大的倍率就是我們一開始也提到過，光學影像轉換成化學影像或電子影像的時候有一個階段叫中間影像，這中間影像事實上也就是把光學影像，把它定影在化學影像以及捕捉在感光材料上面，景深就被限制在一個範圍，它不能夠再去調整，那麼，這樣的一個中間影像，它要變成最終影像的中間，它會有一個放大的過程，也可能有不放大的過程，所以這個放大

的過程，放大倍率愈來愈大的時候，這個景深的範圍就會愈來愈小，也就是影像清楚的部分，會愈來愈小，而理論上，只要無限制放大，即便原來最焦的地方，也就是最小模糊圈的地方，它也會模糊的，這就是我們在講影像的模糊圈，它會影響到影像的質感，所以，景深事實上也就是從影像最小的模糊圈所在的位置往前移動，或往後移動的時候，當模糊圈的直徑超過百分之一英寸的時候，這個我們就稱為景深的範圍。

 ## 第三節　影像藝術作品的本質

　　我們前面提到過影像的本質在它的整個結構，它是先有光學影像後有化學影像，中間有中間影像，因為光學影像的特質還有最終影像媒材上的特質，它分有化學影像或者是我們講的網點的影像，或者是電視掃描線的影像。事實上，我們也可以從很多電影或者視覺藝術的表現上，看到早期有非常多的影像，是八釐米的影像，亦即我們講的電影的影像，也就是在寬螢幕影像的電影。我們比較看不到屬於影像電影的特質，但是在整個電影或是整個視覺藝術表現，這就是電影的特質，在1950年代最盛行也是最早期八釐米的影片，八釐米影片它的影像尺寸非常小，加上它在處理的時候必須經過非常多繁複的沖洗和剪接的處理，所以通常八釐米影像上有非常多的刮痕，那個刮痕在畫面上通常閃來閃去，事實上都是很強烈的一個測試電影的一個特質。

　　那麼在1990年以後開始有數位影像，數位影像我們可以看到，它在電腦裡面只是一個數位式的電子數據而已，而在monitor上所呈現的是用光線呈現出來或者是用反射式的印刷，或者是噴墨，或者是雷射輸出的影像，而在monitor上所呈現的影像，基本上，要看這個monitor本身的材質。而往後的LCD或者更進一步的一些新的媒材影像，事實

上這個影像質感的發展，是還沒有呈現出來，現在看到比較多的噴墨印表機或雷射輸出，也因為它的影像單位是比較細，也比較不容易看得出來。我們可以看到有很多攝影師的影像作品都噴在像水彩畫的表面或是有凹凸不平的水彩畫紙上，這不外乎是為了希望讓紙張的材質能夠在時間的歷程上，能夠保持產生的影像質感，所以應該來講影像的質感是在於紙張的質感而不是在於影像本身的質感。所以，我們可以說影像的質感主要是由於影像最終呈現的媒材上。

而作為一個藝術作品的本質，我們可以去思考，藝術作品基本上它有幾個特徵：一個就是它是一個物件，一個觀者觀賞的一個對象物。這就有一點像我們講的，在明末清初的時候，有錢的公子哥要玩鼻煙壺，鼻煙壺是他用來表徵生活質感的一個特徵，就有一點像現在的貴婦買LV包包，LV包包就是她的一個物件，就是用來彰顯她的身分地位的一個物件，同樣的一個藝術作品，事實上就是觀者所看的一個對象物，而對象物基本上從藝術的角度來講，這對象本身需要有下面這幾個特徵：

第一個就是「完成度」，所謂完成度就是說作者在創作的時候，對作品之前要操作所有的器材系統，能夠純熟到穩定的程度。所以，使得這個作品能夠用最高的完成度來表現，而事實上是關係到藝術的源頭，藝術的源頭它是工藝所發展出來的。例如：請你做一張椅子，做出來的結果絕對和有六十年經驗的木匠所做出來的結果不一樣，也就是六十年經驗的木匠，他所做出來的椅子，他的完成度一定遠遠超過我們這些外行人，所以完成度也就是從工藝的一個精密、精細、講求絕對的控制等條件所發展出來的，所以藝術品的基礎上還是在從工藝發展到上面一個層次，但是原來工藝的部分，也就是作者對所有作品所需要的器材操作及絕對的精密程度是不一樣的。

第二個是「原創性」，這也是藝術作品中非常重要的，但是原創性在80年代以後逐漸被質疑的原因，是因為整個地球的大小有限，

　　而歷史的發展長久，媒體的傳播迅速，因此，現代每一個人都受到達文西、馬諦斯的影響而不自知，所以原創性的概念在藝術作品雖然是非常重要的，但是它不能模仿別人，它必須是具有個人化的風格與特色。

　　第三個就是「豐富性」，豐富性就是從作者前後作品的脈絡底下來觀看的一個內容。

　　第四個就是「思考性」，思考性也就是作品對觀者來講，它能夠丟給觀者一個什麼樣的訊息，讓觀者能夠有更進一步的深刻思考，作為一個藝術作品的物件，它所需要思考作品的本質。而作為影像的本質就是我們前面所提到過的，它最重要的特徵也就是「此曾在」，也就是這個影像所呈現的內容是曾經在某一個地方。時空狀態在鏡頭前面呈現，它既是一個非常弔詭性格，這也是影像本質非常重要的特徵。而影像的本質非常重要的特徵，事實上也就是影調壓縮的本質，也就是我們前面提到過，人類的眼睛視覺所能夠觀看影調的範圍是非常寬，而一張影像它所能夠呈現是非常窄，一個影調複製的本質，也就是攝影家非常花時間要去控制的部分。再者，以從影像承載的訊息來看，也就是說影像承載的訊息有三層訊息，但是觀者不一定能從裡面提出那麼多訊息出來，所以，非常重要的概念就是作者必須要思考觀者的程度在哪裡？

# 第八章　視覺影像的核心價值

- 馬斯洛的需求層次論
- 影像價值判斷的理論架構
- 知識時代的新攝影

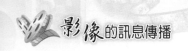

 ## 第一節　馬斯洛的需求層次論

　　我們的身體使我們必須在每一個瞬間存在，在一個特定的時間和空間的狀態，但是人的本質對限制的超越，對無限自由的期待或需求是非常大的。因此，人類發明了各式各樣的科技，讓我們能夠在某種程度上面，超越了時間和空間的限制，現在的訊息傳播讓我們可以隨時打電話到世界的任何一個角落，我們可以上網路看到歷史上的每一個名人在生活和家庭的狀況等等。都是某種形式的超越了我們的生理必須存在於一個時間和空間狀態的一個限制。而接著來談到的是在社會學非常有名的一個理論，就是馬斯洛的人類需求層級理論，馬斯洛認為人類一輩子，基本上是在各種不同層級的需求底下發展的。

　　最初是在生理上有所需求，為了要維持生命的延續，必須要對食物、對水、對氧氣、對梳洗、對故居等等，有一個生理上最起碼的需求，而馬斯洛人類需求的層次，最重要的概念是，當我們這些需求被滿足之後，我們並不會在原地停下來，我們的需求層次會往上提升到下一個階段，而這些不斷地到下一個層級往上提升到上一個層級的需求發展，事實上某種程度來講，也就是人類文明發展的動力，而馬斯洛的人類需求理論講到，當我們的人類需求被滿足了，當我們某種程度富有了，我們就會開始需要是安全的需求，安全的需求就是我們需要不受打擾、不受威脅、不受恐懼，因此，社會有一些規範，就是在保障我們對安全的需求，我們活在都市覺得自在，我們活在荒野或活在大海就會覺得恐懼，這些東西都是安全的需求，尤其是我們活在垂直線和水平線，不斷地在我們的眼中可以得到確認。我們會覺得特別舒服的原因就是安全的需求，而當我們的安全的需求被滿足了之後，我們很快地就會往形而上的需求層級發展，也就是說人類最基礎的、

最低等的生理需求和安全的需求，基本上某種形式是受了物質條件的限制，也就是比較形而下的需求，而形而上的需求，就是歸屬感。

　　當我們的生理和安全的需求被滿足之後，我們就希望能夠歸屬於某一個團體。例如校友會、同學會都是一種歸屬感，宗教團體也是一種歸屬感，我們有錢的父母親，有錢到一種程度，就會想要加入扶輪社，想要加入獅子會，這也就是一種歸屬感，而我們也在這個歸屬感中會需要被愛，或願意去愛人，這個也都是宗教團體所強調的，所謂愛的需求，也就是Belonging，是一種歸屬的需求。所以當我們年紀稍長，從小學到中學，可能會經歷到一種想要脫離家庭，尋求自由的一個時期，可是當你有了孩子、有了家庭之後，我們也逐漸地想要對本來要逃避、想要脫離控制的父母親，開始有一個想要和他們在一起，想要奉養他們的心情，這都是想要愛和被愛需求的發展。

　　而當我們在歸屬感的需求被滿足之後，事實上，就會開始想要有自尊的需求，想要被別人尊重或得到別人讚美的需求，也就是我們講的信心和價值感以及勝任能力的需求，我們都希望自己能夠被別人尊重，這種自由的需求被滿足之後，我們又會開始對知識及新奇滿足的需求，這是層級認知的需求。事實上，就是對美感的需求，對秩序的需求，而秩序某種程度來講，是來自於社會的規範，也來自於對視覺上面我們所看到的一些景物，會對中間的秩序有所需求。

　　接著就是自我實現的需求，而自我實現就是對自己認為有價值、有意義的事情，是不是能夠放棄一切去追求的那種需求，就是自我實現的需求。那麼事實上為什麼有那麼多商業的領袖，能夠放下一切的身段，去社會福利機構做義工的服務，就是所謂的自我實踐的需求。

　　最後，就是超越一切的需求，也就是對宇宙認同的心理的需求，而這樣的需求基本上是已經達到完全超越自己的生理限制，追求宗教的需求。所以，馬斯洛的人類需求理論，他所提到的就是人類對自己的物質條件，對自己的慾望，從需要到不需要，從精神層次的缺乏到

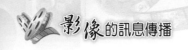

精神層次豐富的擁有，這是一個需求的發展及概念。

　　事實上，也就是我們在前面所提到的，因爲影像是爲人而有的，攝影的技術也是爲了人或爲了超越視覺感官上的限制。所以要瞭解影像的創作或影像傳播的時候，人的問題是要先被理解的，才可能瞭解在選擇創作題材的時候，知道如何從觀眾的需要，知道觀眾如何理解作品的角度。所以剛剛也提到了馬斯洛這位學者告訴了我們，人類需求的層級，人類的慾望，基本上是先求由行而下的物質擁有，當物質的擁有被滿足之後，人類的需求自然會尋求行而上精神層次的需求，超越時間控制的及空間控制的需求，這就是爲什麼有許多藝術家的作品當中一貫的使用回憶、記憶的核心內容來作爲創作的主軸（**圖8-1**）。

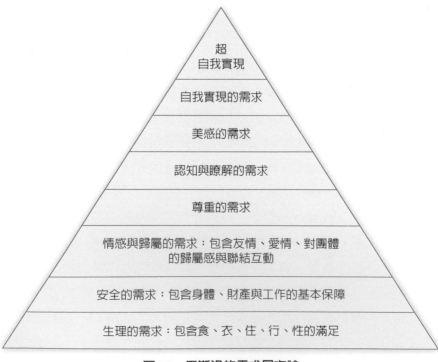

**圖8-1　馬斯洛的需求層次論**

資料來源：http://blog.udn.com/life2008/3614367

所以，從這樣的角度可以看到，人的問題，基本上就是影像傳播的本質上重要的問題，而人和內在世界的探索，人對外在世界的探索，基本上就是一個藝術創作非常主要的核心的價值所在，也因此我們在前面談到的認知的問題、思考的問題、創造的問題，以及內在世界、外在世界的探索問題，這都是藝術家在創作上非常重要的。

 ## 第二節　影像價值判斷的理論架構

　　在瞭解影像本質的時候，相對的視覺問題、看的問題、人怎麼看的問題，而作者怎麼樣看世界，而觀者怎麼樣看這幅作品，這種看的核心的問題，事實上也就是我們在講的影像傳播本質的問題。而影像傳播也就是視覺的一種，看文字也是一種看、看一張椅子也是一種看、看一張照片仍然是一種看。所以，基本上一張照片就是一張視覺訊息傳遞本質性的問題，而我們剛才提到的作者看世界，就是我們提到的探索環境，作者所看見的，和作者為了看的世界而得到的一些照片，呈現在牆上或呈現在書本上或者呈現在Internert上的時候，觀者如何看在現場看到的這一些照片，這兩種看是截然不同的看，這也就是我們網膜像和視覺像的問題以及轉換的問題。

　　網膜像基本上是一張碎片，是一張時間和空間裁切的碎片，而視覺像是作者在視覺現場所感受到的，大腦在處理所有訊息之後，所感受到的一個整體，是立體的、是有時間延續的、也有空間延續的，是多重感官，是綜合處理所得到綜合的結果。所以這兩者之間要如何妥善的轉換，事實上也就是一個影像藝術家是不是能夠把作品呈現非常理想的條件。

　　所以，在照片上是很單純的視覺訊息而已，只是一些明暗或是色彩的堆積而已，但是明暗和色彩的堆積以及明暗變化，它在觀者上

面的視覺，它確實是一種有意義的、有價值的內容呈現。而對作者來講確實是一種想法的、具象的表現。所以，照片是單純光學的視覺訊息，這個單純的光學視覺訊息卻是視覺抽象的表現，是一個非常重要的依據。所以，所使用的還是一些視覺語言及視覺元素所構成的視覺結構。所以，我們可以看到在影像上面弔詭的事情，它是用具象的視覺元素來表現抽象的視覺概念，或者是想法，或者是觀點。

視覺初級最原始的視覺訊息是感受到層次影調上的差異和在色彩上的變化，以及清晰和模糊的差異，這三者而已。所以影調和色彩以及清晰程度，是觀者在觀看照片的時候，或者是作者在現場觀看視覺景象的時候，是最初始的視覺訊息。而我們的第二次視覺訊息，也就是再更複雜的，當我們的大腦在整個光學的視覺訊息做綜合整理得到的結論，是有四個要件，第一個是形狀；第二個是大小的尺寸；第三個是空間的深度；第四個是時間和空間的訊息。因此，造就了在造型能夠辨認我們眼睛能看到的是什麼東西，而大小事實上是讓我們能夠看到空間深度非常重要的依據，而動感和時間感是讓我們能夠知道時間延續的問題，我們前面也提到過網膜像基本上是靜止的、是碎片的，而時間感和動感基本上是在我們的大腦裡面，把不同的網膜像聯結在一起，所得到的解釋。

所以，視覺有三個步驟，而這三個步驟也是我們在前面提到過的，當時間不足的時候，我們的視覺只能夠做辨認的工作，當時間有餘力的時候，我們在視覺上會做整理的工作，也就是Organization／組織。而Organization非常重要的條件就是秩序化、簡潔化、邏輯化及合理化這四項。那麼當時間足夠的時候，我們會做訊息的解讀和聯想的工作。事實上，是我們前面講的從形而下到形而上一個發展的過程，也就是我們從馬斯洛的需求層次來講，在比較安全的需求上，生理的需求是屬於辨認的層級，而在整理或解讀的時候，是在追求形而上的發展，這是真正視覺的本質。

# 第三節　知識時代的新攝影

　　我們提到影像的本質，有幾個重要的關係，就是它是視覺的、是影像的、是傳播的，或者是作者和議題，還有媒介的。事實上，我們在影像訊息傳播流程也提到過，從作者的視覺的形成，也就是作者在看那個環境，有感動想要創作、想要拍照，而後才有影像訊息傳播的這整個流程，而到流程的最後一個階段，是觀者的視覺形成，也就是觀者在雜誌上，或者是牆上，又或者是在螢幕上看到影像。所以，在訊息的發送端是作者的環境，而接收端是觀者在看的影像。所以這樣的結構也就是人看環境，作者看它內在或外在的環境，因為內心的思考而有內在的想法，想把它內在的想法用具象的方式表現出來。所以，內在的環境、感情、回憶、記憶等等，這都是創作的某一種議題或對象，同樣地，當觀者在訊息的末端，從訊息的管道上面，從電視、電影、電腦的終端機，或者是美術館的藝廊或者是雜誌、書本上看到的影像，事實上就是指對象物、作者及觀者。

　　作者所看見的，作者在現場所看見的或作者想要表現的，其實是整體，這個整體也就是一個具象的世界，或者是一個抽象的概念，所以這個整體是有時間和空間的無限延續。當我們眼睛轉的方向，頭轉的方向在看的時候，這中間是所謂的seamless，是一個無縫的延續，所以我們在網膜上面每十秒鐘送一個畫面到知覺中，我們的大腦處理程序把它轉換成十分之一秒，每一秒送十格畫面到我們的大腦裡面，而大腦是把十格不連續的畫面結合成一個連續的畫面。所以，一般人日常生活看到的是時間無限的延續，還有影視空間的無限的延續，而且我們的知覺基本上所感受到的是我們大腦從五官所得到的訊息混合，和我們記憶裡面的資料庫混合之後得到的視覺結論。所以，我們稱為

視覺像，它事實上意味著是多重感官的，也就是多頻道的，是有時間空間無限延續的大整體，但如果作者的需要及感動是想要表現一個概念的時候，而在這個整體底下，作者所能做到的，就是將攝影的器材，不管是動畫的、動態的、靜態的，能夠用攝影器材的系統，將整體分解成在時間上或是空間上，是一片一片的碎片的影像，也就是我們講的照片或是影像，照片和影像的極限就是每一張照片都有一個視框及空間上的界限，它沒有辦法超越那個界限，在用這些攝影器材，不管是電視、電影或者是照相機都一樣，這攝影器材一定有一個快門的存在。

因此，它必須要把這無限時間延續的整體，把它切成非常多時間上的碎片，所以這些攝影器材的快門本身，就是所謂的Shutter Moment，就是有時間的界限在上面的影像，所以，攝影者用攝影器材所得到的，其實是有時間、有空間、有界限的一些碎片，這些碎片它不單單是靜止的，不會動，而且也是沒有聲音的，也是單一感觀的訊息，只供我們視覺所接受的訊息，所以這種我們稱為網膜像。在1970年以前，人類的文明是將攝影者所得到的這些碎片，當作一個見證歷史，或者是忠實紀錄，或者是目擊現場，或者是關懷社會，也就是說在1970年代以前，人們是將一張照片當作可以把現實的真實能夠忠實記錄下來的一個結果來看待。而這樣的一個觀念，事實上是在1970年代以後逐漸地消失了，在1970年代以後，人們逐漸能夠將現場取來的空間和時間的碎片，用各種排列的方式，能夠混合在一起，能夠變成一個能夠模擬現場的新的整體，那麼其他的現成物也就是我們在英文講的Funding Object，就是我們在房子裡面看到的一張椅子，或者是一個窗戶的框框，都是現成物，所以作者把這些在現場所得到的碎片挑選出來，然後把它排列成一個脈絡，甚至加上一些聲音，加上一些現成物來組合成作品，在1980年台灣叫做影像的裝置，這影像的裝置事實上也就是我們講的去模擬現場的那種新的整體，也就是多重感官的訊息，因為它不單單有照片，也有照片和照片之間的脈絡性的訊息。

# 第九章 攝影的未來之路

- 脫離技術的挾制
- 無限寬廣的所見
- 數位科技的改變
- 數位新媒體時代

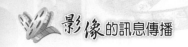

 # 第一節　脫離技術的挾制

攝影術一直緊隨著整個人類文明不斷進步、提升，幾乎可以說，訊息傳播科技的進步內容等於人類文明進步的內容，攝影術的進步等於影像訊息傳播的進步。因此，攝影術的進步等於攝影術脫離各項挾制的進步。挾制包括：

## 一、攝影術脫離技術的挾制

早期器材的龐大複雜、材料操作技術的繁複、艱難，曾經是攝影無法與人類日常生活密切接觸的主要障礙，是「技術的挾制」！如今，「影像擷取」已經成為我們日常生活的隨身裝置，如手機中的相機功能。影像擷取的裝置，在當代社會個體的公私生活領域中無所不在，如道路、街頭、賣場等公領域的監視器無所不在、私人電腦手機前後端視訊攝像、行車記錄器，故日常生活內容中，已經無從遁形於被影像擷取。

## 二、攝影術脫離身體的挾制

從訊息傳播的自由度、媒體適性而言，數位科技進入人類生活之前，攝影術受到身體的挾制，攝影術所得的最終成品——「影像」，只能在紙張、透明塑膠片上呈現訊息，使得影像訊息傳播受到限制。影像訊息若要和其他訊息軟媒混合，必須付出極大代價，例如電影、印刷，若要混合影像、文字、圖畫、聲音，都需要大規模資金、設備、人力，所以訊息硬媒的不相容，限制了訊息傳播的自由度。

1980年代數位科技將訊息軟媒從訊息硬媒中解放出來（訊息軟媒係指訊息內容的內在靈魂；訊息硬媒係指訊息內容的外在身體），只要能夠將訊息軟媒的訊息內容轉換成數位訊息，訊息軟媒就可以全然自由了。只要能夠將訊息軟媒的訊息內容轉換成數位訊息，訊息軟媒就可以自由自在和其他訊息軟媒自由混合，自由的在數位環境中，不受時空限制在各種終端上自由進行訊息呈現。數位時代讓攝影術脫離「技術、身體（訊息硬媒）」的挾制，讓影像成為當代文明最受倚重的訊息軟媒，所以，攝影術到底「是僕人或主人」的選項已經不再重要。影像是訊息傳播效率最高的訊息軟媒，數位科技讓影像可以和其他訊息軟媒自由自在互相混合，產生訊息傳播的最大效益，因此，影像成為訊息傳播中，不可或缺最重要的元素，就是攝影術的第三條路。

## 第二節　無限寬廣的所見

　　影像脫離身體的挾制，不再攝影，其意思為數位科技將攝影術最終成品的數位影像。影像脫影身體的挾制，而改以數位方式儲存於磁碟中，再造了攝影術和影像之間的關係。離開身體挾制的影像，已經不再是攝影！過去攝影的語詞定義，多半和技術、硬媒形式有密切關係，但數位科技打破這層關係，讓「攝影」一詞，從時代中消退，用「影像」一詞，取代了「攝影」。

　　可以將各種訊息軟媒的「訊息內容」從訊息硬媒的挾制解放出來的各種設備成為當代生活中的必備工具，將訊息軟媒在類比式訊息和數位訊息之間來回轉換的A/D convertor，當代商業市場上，各項3C產品的主要功能都是各種訊息軟媒的類比與數位訊息的轉換。

　　影像可能性的拓展，就像繪畫遇到攝影術出現的衝擊，有許多畫

家盡各種努力將繪畫轉入全新方向一樣，進入20世紀之後，歐美各國的攝影先鋒也做出各樣努力試圖將攝影的可能性做最大程度的拓展。在歐美各地攝影先鋒的努力下，攝影不僅在20世紀30年代已經在藝術領域中獲得「藝術媒體」的獨立身分，不再只是科學和藝術的僕人，儼然也是一家之主，1935年舊金山美術館購藏第一批攝影作品，1940年紐約現代美術館MOMA設立世界第一個在公立美術館的攝影部，至1950年代在MOMA美術館中才有更頻繁、興盛的攝影展覽出現。

影像洪水造就視覺時代，透過大量傳播的印刷媒體，影像訊息開始和大眾生活密切接觸（報紙、視覺雜誌），以1936年在美國創刊的《LIFE周刊》為代表，強調以報導攝影為主要內容，至1972年停刊（在電視機的發明衝擊之下）。在《LIFE周刊》興盛時期，最高每週發行一千三百五十萬份，在1936年第一期發行三十八萬份之後，每四個月每期均超過一百萬份。

影像洪水造就影像語言，透過印刷媒體大量傳播的反覆、大量的需求，印刷傳播媒體的攝影家開始體會出「視覺像」與「網膜像」之間的差異，影像呈現的不一定是攝影家在攝影現場所見的，因此「影像語言」逐漸形成，觀者發現影像之間的互動（影像的說話方式）和視覺與現實世界的互動方式有所不同。1900～1930年代之間，攝影藝術家不斷地做各種試驗、嘗試，建立了全新的有別於繪畫等美術史累積的視覺語言──「影像語言」。

影像不再是印刷傳播媒體中，只由照片向觀者發出訊息，觀者單純的接收訊息的單向傳播。所以，在視覺藝術的領域之中，影像開始和觀者對話，影像開始向觀者提出問題，誘導觀者面對影像的提問，並在腦中做出回答。影像與觀者之間雙向溝通多寡，代表影像訊息的厚度，因此影像主動激起觀者大腦記憶庫的連結與訊息搜索。

藝術家逐漸發現，影像忠實、精密複製作者在視覺現場所見的景象，亦即：「影像內容等於視覺所見」曾經是攝影術擊敗繪畫的最大

正面資產，但是，如果「影像內容等於視覺所見」卻逐漸成為「拓展影像語言可能性」的最大障礙（負面資產）。攝影家在攝影現場的視覺所見經驗，往往是攝影家認識自己攝影作品的最大障礙。攝影藝術家要讓拓展影像語言的可能性、讓影像訊息厚度增厚，首先必須讓影像脫離「影像內容等於視覺所見」的挾制，讓影像內容不再是觀者觀看影像的視覺所見。唯有攝影藝術家讓攝影作品所傳遞的訊息，不再是觀者觀看影像時的視覺所見，攝影作品的訊息拓展才可能有更大的可能性，觀者不再只看見影像的視覺所見，而是看見影像作品激發觀者想像，影像作品試圖與觀者大腦記憶、想像連結，才能成為影像藝術的最大可能！

 ## 第三節　數位科技的改變

眾所周知，1980年代數位科技開始進入「人類文明」之探路，2000年數位科技已經完全成熟，人類生活無處不受數位科技影響，當代生活充斥著各樣3C產品，都是訊息軟媒的數位訊息與類比訊息之間的轉換器。因為，人類感官只能接受、發出類比式訊息，但是處理訊息、複製訊息、傳播訊息以數位視訊息效率最高，所以，當代生活需要各種訊息軟媒的A/D和D/A數位與類比訊息的轉換器。人看到環境的影像，共分為九大處理流程：

①作者視覺的形成（訊息發送端）→②整體解構成為部分（再現）→③光學影像的形成（複製）→④影像物性的轉換（化學、電子）→⑤影像的加工處理（化學、電子）→⑥影像的保存與管理（數位）→⑦影像的複製與傳播（數位）→⑧部分重構與再現整體（再現）→⑨觀者視覺的形成（訊息接收端）

　　數位科技只影響④至⑦的處理流程！整個攝影流程，數位科技在鏡頭前方的都沒有改變（如同①至③流程），包括：照明光源（色溫、光質、照明反差等等）、事物狀態的遭遇（抓拍）或擺設（擺拍）、被攝體沒有改變、被攝體與攝影者互動所需要的技術沒有改變、形成光學影像所需鏡頭以及光學問題等等。

　　數位科技主要改變：影像物性的轉換與其後的部分（如同流程④）：感光物質從鹵化銀改變成為CCD（荷電耦合體）或CMOS（互補式金屬氧化物半導體）、從類比資料的光學影像轉換成可以儲存在硬碟（磁卡）的數位訊號，其功能逐漸超乎鹵化銀的能力。數位攝影真正強大的部分是：改變影像訊息分布狀態的影像軟體、將影像訊息與其他訊息軟媒的混合加工處理（如同流程⑤）、影像檔案管理以及影像輸出到訊息硬媒的多樣性（如同⑥與⑦流程）。這三大部分都是影像訊息數位化之後帶來的最大優點。

　　自網路革命以來，「新媒體」觀念漸漸形成，這個新媒體集結了各種以往既有之特色外，更擁有傳統媒體沒有的新科技，尤其Quad Play（四網合一）之提出，它結合了行動服務、影音、通訊和網路的綜合功能。沒有地方和時間限制的快速「產生」、「儲存」、「檢索」、「處理」與「傳輸資訊」之特色科技；傳達了「聲」、「色」、「形」和「光」是知覺器官的延伸與發展；並追求「時效性」、「智慧性」、「互動性」、「個性化」；進而「提供」與「交換」，「知識」、「新聞」、「娛樂」、「事務」、「市集」，都是傳統媒體無以對抗之致命點。許多有線媒體業者都聲稱其平台有Quad Play的功能，但假如要民眾改變習慣或增加太貴之設備，來迎合它的功能，就非常難以達成Quad Play之目標，就以廣播而言，它有特殊的聽眾，這些聽眾因特殊狀況（如正在開車）沒法選擇其他媒體，而廣播是唯一的選擇，如果有線媒體業者沒有廣播的頻道，即使有Quad Play之功能，Audio為主的客戶就很難掌握。因此一個新的經濟體——

資訊化（informational）、全球化（global）與網絡化（networked）的經濟體將會出現，透過整併、集團化和機動化的組織再造，以網路為基礎的第四媒體（新媒體）——「多媒體資訊平台」將會出現，它同時擁有網路、行動電話、電視、廣播、報刊雜誌等功能外，更結合了即時商務、政務、公務、醫務和教務之服務。屆時媒體的收入不再只依賴廣告，許多報導和新知、資訊和娛樂，都會和其相關業務作結合，提供及時之服務。

　　而網路的演化造就了資訊快速發展，傳輸迅速串通，但也造就了許多「新問題」和「新現象」，但也造就了許多商機和研究議題。其中如網路管理失控、色情資訊氾濫、暴力資訊氾濫、網路症候群、新聞職業道德受到衝擊、虛假廣告氾濫及垃圾資訊充斥，都是嚴重的社會問題；各式的新現象和新概念也隨之發生，例如，思維模式改變、組織架構改變、媒體營運多元化、個人媒體工作室、沒有界限的資訊倉儲等現象。創新的經營模式和服務項目將會逐一出現，原來媒體業不再只是提供娛樂和新聞資訊，而多元化服務的媒體時代來臨，製播分離是趨勢，電視公司、廣播和網路平台業者不再製作內容，而是由CP（contents provider）製作內容，以賣斷方式提供播出，相當大的內容責任將轉移到內容提供者（CP）。

　　未來媒體更著重追求「時效性」、「智慧性」、「互動性」和「個性化」；在「時效性」方面，許多服務將隨著新聞報導或資訊提供之版面，提供即時的服務，各種電子業務（電子商務、電子政務、電子公務、電子醫務和電子教務）將隨著報導提供服務；未來多媒體資訊平台具備有較高的「智慧性」，能夠根據用戶的需要很方便快捷地提供新聞，按個人喜好提供節目及廣告，更準備掌握廣告對象，且有效提供更準確顧客導向之收視數據，屆時公正的第三者將會提供各廣告客戶有效之數據；新媒體與傳統媒體的單向傳輸不同，多媒體資訊平台上的資訊傳輸是雙向的，具有「互動性」。用戶不僅可以接

收資訊，而且可以發出資訊，甚至可以要求資訊源提供用戶需要的資訊，點播新聞將成為21世紀新聞媒體的一項基本服務。屆時用幾秒的時間下載幾小時的廣播電視節目將成為現實，互動式網路廣播電視節目也將走進千家萬戶。因此媒體社群將會出現，每個人除了是資訊的收視者也是資訊的提供者。「個性化」媒體是新媒體的另一重點，每個人對新聞、節目和資訊的需要是不同的，但傳統媒體資訊傳輸的單向性使得受眾很難享受個性化服務。

未來打開媒體，你會有一種親切幸福的感覺，因為它的每一篇文章、每一部電影或每一個報導都是你所感興趣的。對媒體而言，資訊的利用做到了最大化，對於用戶而言，充分享受了個性化服務的樂趣。

## 第四節　數位新媒體時代

數位（digital）通常指一個數位系統，它使用離散（即不連續的）價值（0或1）代表訊息，用以輸入、處理、傳輸、儲存等。相對地，非數位系統使用一個個連續的範圍代表訊息。雖然數位的表示方法是分離的，但其代表的訊息可以是分離的（例如數字、字母等），或者連續的（例如聲音、圖像和連續系統等）。數位媒體的發展得益於不同媒介資訊數位化的發展，同時也使得不同媒體的資訊實作了數位化的轉換，不同媒介的融合也成為了可能。數位媒體也離不開各種多媒體軟體的支援。多媒體軟體不斷地從專業化向業餘化、平民化轉變，操作越來越簡單，從而降低了不同媒介之間的技術門檻，也使得不同資訊的交流匯總變得更加容易。

數位媒體（digital media）是指以數位形式編碼的傳播媒體，數位媒體可以在電腦上建立、瀏覽、分發、修改、儲存，包括電腦程式和

軟體、數位影像、數位視訊、網頁、資料和資料庫、數位音訊、電子書等。與數位媒體相對的，是實體書、報紙、雜誌等平面媒體，以及圖片、膠片、錄音帶等類比媒介。數位媒體的發展給傳統的平面媒體帶來技術上的變革，也對其形態、傳播方式、傳播理念都產生了重要的影響。

　　新媒體的種類很多，但目前以網路新媒體、移動新媒體、數位新媒體等為主。融合的寬頻資訊網路，是各種新媒體形態依託的共性基礎。終端移動性，是新媒體發展的重要趨勢，數位技術是各類新媒體產生和發展的原動力。由於網路科技的發展已經全面性的影響人類傳播的基本模式，傳統或現有主流媒體的資訊生產模式已漸漸式微，取而代之的是由閱聽人自己參與並生產的資訊與內容，其所標示的時代意義就是去中心化的思想，以往認為非主流的聲音與不被重視的各種所謂的邊緣化的觀點都擁有自己的一片天，再也沒有人能決定何者為具有價值的內容？所有訊息的傳遞其重要性皆由閱聽人自己產製並互相制約與決定其未來。

　　Web 2.0時代所標示的最可貴的互動意涵不在於使用者點閱的次數的累積，而在於透過閱聽大眾的分享機制，將所有各別的資訊匯集，終究造成全面性的影響，我們身處於這個人類社會前所未有的時代，不論你是否決定參與其中，都無法脫離這「新媒體時代」而置身事外！

　　數位攝影時代，攝影器材周邊軟體的各種功能越來越強大，許多需要扎實下苦功才能學得的基本功夫，都被軟體強大的功能所掩蓋，使得許多人誤會以為最終結果不錯，是因為「自己的能力」太行，而以為自己不需在基礎功夫上更加努力，譬如：採光（不管是拍靜態或動態都一樣，很多人都是拿著機器在日光燈底下就開始錄影了，這事實上是很糟糕的事情）、暗房、光比控制、色溫控制的功夫等等，儘管數位攝影功能如此強大，那都是機器取得毫無血肉、感情、體溫的

影像，如果是真正專業的，則應該在這幾部分下足功夫。

數位攝影時代，攝影器材與影像軟體的「技術執行力」高超無比，可以提供動輒數十種影像變化選擇，但弔詭的是，攝影者卻反而缺乏應該採用哪一項的判斷能力！所以越是數位時代，越需要暗房經驗，累積建立影調層次分布的視覺經驗，越是高科技發達時代越是需要人文素養，否則高科技時代只是會帶來鐘樓怪人而已，所以我們越需要知道影像藝術、影像語言的經典，並累積視覺美學修養。

數位攝影時代，攝影器材反應越來越快（調焦、捲片、測光、選擇曝光量、調整快門光圈的時間）完全消失於無形，這也是挪移的時間，幾乎變沒有了，所以攝影師對應事物狀態變化需要更快速的直覺判斷（來自於生活經驗美感判斷的累積），故數位時代中的攝影師越需要更準確快速的直覺力、敏銳度與洞察力。數位攝影時代，影像在數位傳播環境更容易流通、更容易被不同人操作變化、轉檔時更容易在無意中流失重要訊息、產生變形扭曲，必須更加小心，當我們要把原始影像檔，轉換成其他格式檔案時，可能面臨變形壓縮的情境，壓縮過程中可能將部分資料捨棄，故調整影像尺寸時應該更加小心影像的XY兩軸的連動，對不同的影像壓縮技術的媒體適性要有更多的學習。數位攝影時代，後製功能太過強大，容易流於前置作業馬虎不用心，反正一切都可以靠後製修整，其實最佳效果通常來自前置作業的用心與完美，故後製應該只屬於不得已的狀況下，不應過度倚賴後製，而後製所需工時往往遠超過攝影所需工時，而這也是數位時代來臨的時代。

近二十多年，電腦媒體在科學、設計、音樂、醫學、廣告、電影、遊戲等各領域中被廣為運用，藝術表現在此時更加多元化，使當代藝術家與科技人員所使用的工具與語言亦趨相近，促成了各種跨領域、跨媒體的藝術合作模式。90年代出現的數位革命，將藝術推向打破時空界線，以及創作者與觀者雙向互動的新境界，使互動概念成為

藝術家創作過程中思考的要項，數位化的影像在科技的輔助下，視野更加遼闊，並爲藝術創作提供了新的美學向度，跳躍連結代替線性思考，多向度空間取代繪畫透視，引發前所未有的互動性美學語彙，帶動了新媒體藝術多元面向的發展。1970年代觀念藝術興起，其標榜突破傳統的態度，以「複合媒體」與「新媒體」形式，企圖消融藝術和平常事物之間的疆界，藉著結合創造性事件或各類藝術形式，包括戲劇、文學、電影、電視錄影、美術、音樂、舞蹈的混合，展現當時社會、政治、學運、哲學的人文氛圍。1970年代發展至今，已進入電子數位媒體急速發展與網際網路尖端科技的時代，隨著個人電腦日益普及，各種科技媒體也益趨成熟，如錄影藝術、雷射與全像攝影、數位藝術、互動裝置等，使藝術家嘗試在新的媒體中開發新的美學表現。

# 參考文獻

## 一、中文部分

林逢祺譯（2008）。Dabney Townsend著。《美學概論》。台北：學富文化。

秦愷（2005）。《廣告攝影》。台北：雄獅圖書。

章光和（2005）。《攝影不是藝術》。台北：田園城市。

莊維明（2001）。《攝影檔案》。台北：全華圖書。

許綺玲譯（1999）。Walter Benjamin著。《迎向靈光消逝的年代》。台北：
　　台灣攝影工作室。

郭宬（2014）。《攝影的視界》。台北：流行風出版社。

黃建宏譯（2012）。Jacques Rancière著。《影像的宿命》。台北：典藏藝術
　　家庭。

鄒春祥（2014）。《攝影實務》。台北：全華圖書。

趙樹人（2000）。《設計攝影》。台北：全華圖書。

劉惠媛譯（2002）。John Berger著。《影像的閱讀》。台北：遠流。

駱香雅譯（2014）。鈴木知子著。《攝影構圖力》。台北：天下文化。

韓叢耀（2005）。《圖像傳播學》。台北：威仕曼文化。

瞿錦春、張芬芬譯（2009）。Richard L. Gregory著。《視覺心理學》。台北：
　　五南文化。

## 二、英文部分

Maslow, A. H. (1943). A theory of human motivation. *Psychological Review, 50*(4), 370-96. Retrieved from http://psychclassics.yorku.ca/Maslow/motivation.htm

Mittelman, W. (1991). Maslow's study of self-actualization: A reinterpretation. *Journal of Humanistic Psychology, 31*(1), 114-135.

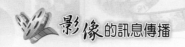

doi:10.1177/0022167891311010.

Kremer, William & Hammond, Claudia (2013). Abraham Maslow and the pyramid that beguiled business. *BBC News Magazine*. 31 August 2013 [1September 2013].

## 三、參考網址

http://webvision.med.utah.edu/book/part-ix-psychophysics-of-vision/the-primary-visual-cortex/

https://courses.candelalearning.com/ap2x1/chapter/central-processing/

http://www.optikum.at/neues-vom-hermann-gitter/

http://im-possible.info/english/articles/the-eye-beguiled/3-ambiguous-figures.html

http://www.ncbi.nlm.nih.gov/pmc/articles/PMC3563050/

http://www.lookfordiagnosis.com/mesh_info.php?term=saccades&lang=1

http://www.eng.tau.ac.il/~hedva/documents/does_the_chromatic_mach_bands_effect_exist_.html

http://aboutdada.com/wp-content/uploads/2014/12/Mach-Band.jpg

http://aboutdada.com/wp-content/uploads/2014/12/test2.bmp

http://blog.udn.com/life2008/3614367

http://www.digitalwall.com/scripts/display.asp?UID=100

新聞傳播叢書

# 影像的訊息傳播

作　　者／楊錫彬

出 版 者／揚智文化事業股份有限公司

發 行 人／葉忠賢

總 編 輯／閻富萍

特約執編／鄭美珠

地　　址／新北市深坑區北深路三段 260 號 8 樓

電　　話／(02)8662-6826

傳　　真／(02)2664-7633

網　　址／http://www.ycrc.com.tw

　E-mail ／ service@ycrc.com.tw

印　　刷／鼎易印刷事業股份有限公司

I S B N ／978-986-298-204-4

初版一刷／2015 年 11 月

定　　價／新台幣 250 元

國家圖書館出版品預行編目（CIP）資料

影像的訊息傳播 / 楊錫彬著. -- 初版. -- 新北
市 : 揚智文化, 2015.11
面 ； 公分. -- (新聞傳播叢書)

ISBN 978-986-298-204-4(平裝)

1.傳播 2.視覺藝術

541.83                              104021068